윤사모의 역정〔歷程〕과 갈망

어퍼컷
한방

저자 **최성덕**

 도서출판 **위**

나라를 살리는
할인 주먹

키운 **윤 석열**

어퍼컷 한방

머 릿 말

———

　박근혜 전 대통령의 탄핵 회오리 속에서 깜도 되지 않는 사생아 같은 문재인이 대통령이 된 것은 오천 년 역사의 시침을 거꾸로 돌린 민족의 재앙이 아닐 수 없다.

　겉과 속이 다른 문재인은 취임사에서 "기회는 균등하고 과정은 평등하고 결과는 정의로운 나라, 한 번도 경험해 보지 않은 나라"를 만들겠다고 했다.

　과연 그런가, 야바위꾼 같다, 속임수에 국민의 분노는 삼천리 방방곡곡을 진동했다.

　이게 나라냐. 이게 나라이냐가 전 국민의 화두(話頭)가 되었다.

　필자의 고뇌는 말이 아니었다. 집권 초기부터 실망이 이만저만이 아니었다.

　집권 초기부터 국정 운영을 잘못한다고 들고 일어나면 그 피해는 고스란히 국민의 몫으로 돌아가기 때문에 한동안 지켜보았다.

　갈수록 태산이라 도저히 묵과할 수 없는 인내의 한계점에 치를 떨지 않을 수 없었다.

독선과 무능, 불공정, 편 가르기, 내로남불, 중산층 파괴, 희망의 사다리를 끊어버린 청년실업, 미래 세대가 감당할 수 없는 국가부채, 공적자금 살포로 전 국민을 금붕어로 만들고 공정과 정의, 상식은 전당포에 저당 잡힌 채 그야말로 한 번도 경험해 보지 않은 나라를 만들고 있었다.

이 나라를 이대로 방치하면 망국의 길로 치달을 것이라는 걱정에 밤잠을 설쳤다.

이런 나라를 만든 문재인을 보고 침묵한다면 비겁함의 극치가 아닐 수 없다고 분기탱천했다.

아인슈타인은 "세상은 악을 행하는 자들 때문에 파괴되는 것이 아니라 악을 보고도 아무것도 하지 않는 사람들 때문에 파괴될 것이다"라고 했다.

이 나라를 지키기 위해서는 좌파들의 세계로 물들이고 나라를 망치고 있는 문재인을 보고도 침묵한다면 비겁자이고 위선자라는 오명의 딱지를 평생 달고 살 것이 분명하다, 따라서 나라를 구해야겠다는 다짐을 하면서 파괴되고 있는 나라를 지킬 수 있는 큰 바위 얼굴과 같은 인물을 2019년 1월 초부터 찾아 나섰다.

공학도가 미신을 믿는다고 손가락질을 받을 줄 모르지만, 지푸라기라도 잡는 심정으로 이곳저곳을 기웃거렸다. 지성이면 감천이라고 하듯이 한줄기 희망봉을 찾았다. 그것은 2019년 3월 5일 예지력이 뛰어난 영 능력자인 차길진 법사가 기고한 일간스포츠의 칼럼이었다. 내용은 이렇다.

"청와대에 먹구름이 드리워졌다고 걱정할 것이 없다. 기해년(2019년)에 국민의 마음을 사로잡을 사람, 새로운 돌풍을 몰고 올 인물이 출현할 것이다"라고 했다.

필자는 이 예언을 신줏단지처럼 여기면서 국민의 마음을 사로잡을 사람을 드디어 찾았다.

이 인물을 찾았다. 그는 바로 윤석열 검찰총장이었다.

윤석열 대통령이 2019년 7월 25일 검찰총장에 취임했다. 바로 기해년이다.

검찰총장이 된 후 조국의 사모펀드 등 가족 비리 의혹을 파헤치자 문재인은 덮도록 압력을 가했으나 이에 아랑곳하지 않고 법과 원칙대로 밀고 나가는 뚝심에 국민은 열광하면서 환호했다. 국민의 마음을 사로잡았다.

바로 이분이야. 차길진 법사가 예언한 국민의 마음을 사로잡고 있는 윤석열 검찰총장이 대권을 잡을 것이라고 확신했다.

이때부터 좌고우면하지 않고 윤석열 검찰총장을 대통령 만들기 위해 목숨을 바쳐 나라가 나라다운 나라를 만들기 위해 발 벗고 나섰다.

대검찰청 앞에 격려의 화환을 보내고 추미애가 징계할 때도 현재 법제처장인 이완규 변호사에게 많은 탄원서를 받아 보내기도 했다.

그리고 윤석열 검찰총장이 2021년 3월 3일 대구검찰청을 방문했을 때 윤사모 회원들과 함께 "당장 검찰총장직을 내던지고 구국의 대열에 나서라"고 촉구하는 시위성 환영대회를 했고 검찰청 현관에서 "윤석열, 윤석열"을 외치고 현수막을 도배해 결단을 촉구했다. 또한, 제3 지대로 갈 것을 대비해서 불임 정당이 된 미래통합당을 대체할 수 있는 "다 함께 자유당" 창당준비위원장을 맡아 창당도 했고 윤사모 회장으로 전국을 누비면서 대통령 만들기에 혼불을 지폈다.

그 과정에서 수많은 사악한 인간들도 만났고 윤사모를 팔아 제사보다는 제삿밥에 눈이 멀어 자신의 입신출세를 꾀하는 양아치들도 많이 만나 마음의 상처도 많이 받았으며 고뇌하고 번민한 것은 필설로서는 다할 수 없다. 머리가 다 빠질 정도의 스트레스를 받았다.

선거브로커와 같은 인간들은 짝퉁 윤사모를 만들어 음해나 하고 윤심과 가까운 사람들을 찾아다니면서 눈도장을 찍고 명함팔이에 여념이 없었다.

솔직히 말해 필자는 지금까지 초지일관 윤석열 대통령 만들기와 호위무사 역할에만 전념했지 윤심에 가까운 일명 친윤들을 찾아가서 눈도장 찍거나 명함팔이를 한 번도 하지 않았다.

수십 년 동안 윤석열 대통령과 가족같이 지내고 있는 박성곤 회장과 윤석열 대통령이 핍박받던 검찰총장 시절부터 희망의 빛만 좇아가면서 서로 간 멘토 역할을 하면서 함께한 세월이 주마등같이 흘러가고 있는데 이것도 하나의 역사가 될 것이라고 하면서 위안으로 삼고 있다.

이 윤사모의 역정(歷程) 어퍼컷 한방은 풍전등화와 같은 이 나라를 구하기 위해 '윤석열을 사랑하는 모임' 즉 윤사모가 제일 먼저 윤석열 검찰총장을 불러냈고 대통령으로 당선시킨 과정과 언론에 보도된 기사들, 그리고 필자가 기고한 칼럼들로 구성하려고 했다.

하지만 분량이 너무 많아 100번 넘게 언론에 비친 윤사모의 이모저모를 부득이 다 실을 수 없어 아쉬움이 남는다

그동안 열악한 환경 속에서도 흔들림 없이 윤석열 대통령을

만들기 위해 함께 고생하신 박태권, 최익화, 최도열, 박주선, 석동현 상임고문과 전면엽, 윤순택 고문, 이건완 수석부회장, 이기종 자문위원 등, 그리고 모든 윤사모 임원, 회원들에게도 감사의 인사를 드린다.

우리 윤사모가 바랬던 것은 정의와 공정, 상식이 통하고 법과 원칙이 바로 서는 나라였고, 이런 나라를 만들기 위해 날렸던 녹슬지 않는 윤 대통령의 속 시원한 어퍼컷을 계속 기대하면서 영원한 호위무사의 역할도 다짐해 본다.

2023. 12.

윤석열을 사랑하는 모임 『윤사모』

회장 공학박사 **최 성 덕**

목 차

―――――

PART 2 윤석열 대통령 관련 최성덕 칼럼

PART 3 언론에 비친 윤사모의 이모저모

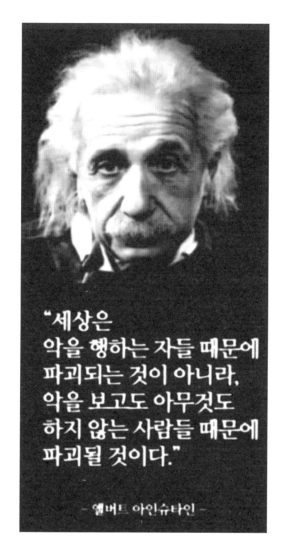

"세상은
악을 행하는 자들 때문에
파괴되는 것이 아니라,
악을 보고도 아무것도
하지 않는 사람들 때문에
파괴될 것이다."

- 앨버트 아인슈타인 -

위선자가 판치는 세상

그래도 상식과 순리가 통하는 세상을 만드는데

주저하면 사람이라 할 수 있을까

윤사모 역정

어퍼컷 한방

PART 1

윤사모의 역정,
어퍼컷 한방 갈망하다

한 번도 경험해 보지 않은 나라, 이게 나라냐!

박근혜 대통령을 탄핵하고 권좌를 강탈한 문재인은 어린 처조카인 단종을 폐위시키고 왕이 된 수양대군과 무엇이 다른가.

윤회설을 빌리면 문재인은 수양대군의 화신이 아닐까 싶다.

문재인은 취임사에서 전 국민을 속이는 대사기극을 연출했다.

"기회는 평등하고 과정은 공정하고 결과는 정의로운 나라"를 만들겠다고 했다.

과연 그런가. 나라를 망친 문재인은 만고역적이라고 아니할 수 없다. 지금도 아찔하다. 만약 윤석열 대통령이 당선되지 않았더라면 빨갱이들이 들끓는 이 나라는 어떻게 되었을까.

문재인이 저지른 만행은 한 두 가지가 아니다. 대표적인 몇 가지를 열거하면 라임, 옵티머스 사건, 청와대 울산시장 개입 의혹 사건, 위안부 할머니들의 등에 빨대를 꽂아 고혈을 빨아먹는 윤미향 사건, 그래도 윤미향은 아직도 국회의원을 하고 있으니 정말로 한 번도 경험해 보지 않은 나라다.

이뿐인가 원전 조기폐기로 한전을 부도나기 직전까지 만들어 전기세 폭탄을 국민에게 전가하고 외국에 나가서는 원전 수주한다고 정신이상자의 짓거리를 하고 북한원전을 건설해 주겠다고 천명하면서 김정은에게 전해준 USB에 원전  원천기술을 담아 전해주었다는 의혹, 원전에서 생산된 전기를 북한으로 송전해 주겠다는 통 큰(?) 보시의 정신은 세상의 본보기가 되었다.

LH 부동산 투기 사건으로 서민들을 절망에 빠뜨리고, 국가부채 2000조 시대를 달성한 전무후무(前無後無)한 경제에 무뢰한인 깡통 인간으로 미래 세대에 무거운 짐을 넘겨주었다. 그리고 희망의 사다리가 끊어진 청년실업 대란, 주택값 폭등으로 서민들의 주택마련은 다음 생이나 가능한 나라를 만들고, 국민적 공분을 일으킨 대장동 특혜비리인 화천대유 사건, 묻지 마 공적자금 살포로 전 국민을 금붕어로 만들어 주물럭거리는 나라를 만들었다. 이뿐인가 공정과 정의, 상식은 전당포에 잡혀 있는 나라, 이것은 정말로 한 번도 경험해 보지 않은 나라가 아닌가.

문 정권의 무능과 독선, 편 가르기, 실정, 폭정, 불공정, 내로남불을 일삼음으로 인해

망국의 길로 치닫고 있는 나라를 방치하는 것은 국민이기를 포기하는 일이 아닐까 하는 상념들은 필자를 정말 고뇌스럽게 하였다.

풍전등화와 같은 나라를 구할 방법이 없을까. 밤잠을 설치면서 고민했다.

윤석열 대통령 만들기에 제일 먼저 나선 윤사모

세상에는 영원한 것이 없다. 불교에서는 이를 성주괴공(成住壞空)이라 한다. 우주의 법칙은 우리 인간들에게 항상 겸손하고 순리에 따라야 함을 가르친다. 천년만년 간다고 큰소리치던 민주당의 신세는 요즘 얼마나 처량한가.

이재명은 윤 대통령을 넘어설 수 없는 것이 이재명의 운명이다.

화무십일홍 권불십년(花無十日紅 權不十年)이라 했지만, 민주당은 5년 만에 막을 내렸다.

민심이 천심이란 불변의 진리가 이번에도 어김없이 입증됐다. 정의·공정·상식이 사라진 암흑 속에서 5년간이나 전 국민이 큰 바위 얼굴과 같은 인물을 고대했던 것은 무엇을 말하는가.

그만큼 문 정권에서 신물이 났다는 방증이 아닐까. 실정으로 인한 5년 동안 이 나라는 정권교체라는 화두(話頭)에 매몰되었다.

2022년 3월 9일 국민은 개표과정을 보면서 천당과 지옥을 경험했다. 0.73%라는 행운의 여신이 윤석열 대통령의 손을 번쩍 들게 한순간 가슴을 졸이던 국민은 환희의 도가니에 빠졌다.

모두 이구동성으로 아직도 국운이 있다고들 말했다. 천운이 아닐 수 없다.

아니 천운이라기보다 윤석열 대통령은 하늘이 점지한 인물이라고 볼 수 있다.

윤석열 대통령 당선에는 정권교체를 열망했던 국민과 많은 지지단체가 기여했다.

하지만 그중에서도 윤석열 대통령 당선의 일등공신이라 할 수 있는 "윤석열을 사랑하는 모임" 즉 윤사모를 빼놓고서는 말할 수 없다고 단정하고 싶다.

그 이유는 2019년 7월부터 누구도 윤석열 검찰총장이 대통령이 되리라고 생각조차 하지 않을 때 필자는 차길진 법사의 칼럼 "국민의 마음을 사로잡을 사람"에서 나라를 구할 지도자를 찾았고 그 칼럼의 주인공이 윤석열 검찰총장이라고 확신하고 대통령을 만들기 위해 나섰다, 또한 윤사모가 2020년 1월 태동하여 제일 먼저 발 벗고 대통령 만들기에 나섰다는 점이다.

하늘의 점지를 받은 윤석열 대통령, 윤사모가 불러내고 지켜온 정의·공정·상식의 아이콘 윤석열 대통령 "제2민족중흥의 역사 창조"를 기대하고 국민의 가슴속에 영원히 지워지지 않는 비석이 새겨지고 임기를 국민의 환호 속에 앵콜송을 부르는 그 날까지 일편단심 민들레와 같은 변함없는 호위무사 역할을 다짐하고 있다.

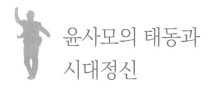

윤사모의 태동과
시대정신

.

윤사모는 2020.1.11. 창립된 조직이다. 이름 그대로 "윤석열을 사랑하는 모임"의 준말이다. 윤사모 초대회장은 홍경표 씨다.

창립 목적은 윤석열 검찰총장을 대통령으로 나라를 구하겠다는 구국일념의 정신으로 닻을 올렸다.

홍 회장과 필자는 회칙도 제정과 개정도 함께 했다. 처음엔 참으로 의기투합했다.

하지만 순수성을 지키지 못하고 재사보다는 잿밥에 눈이 어둡고 사심이 앞섰던 홍경표 씨는 그 끝이 창대하지 못해 지금도 유감이다. 그 사연은 뒤에서 언급하고자 한다.

필자는 보수의 심장인 대구에서 윤석열 검찰총장의 콘크리트 지지층 확보가 되어야 만이 이를 기반으로 대통령이 되게 할 수 있다는 판단 때문에 윤사모 대구지역 총괄 위원장을 맡아 조직 확대에 박차를 기했다.

의외로 시민들의 참여가 많고 호응도가 높아 힘이 되었고 잘

하면 윤석열 검찰총장을 대통령으로 만들 수 있겠다고 확신을 하게 됐다.

한편으로는 윤석열 검찰총장이 사임하고 대선에 나선다면 그 당시 불임 정당과 같은 미래통합 당으로서는 정권 재창출이 어렵다고 보고 필자와 홍경표 씨는 "다함께 자유당"을 창당준비를 했다. 창당한 계기는 행여 제3지대의 당이 필요할 것이라고 해서 미리 창당준비를 했다.

필자는 윤사모 활동을 하면서 윤사모 회원들이 주축이 된 "다함께 자유당" 창당준비 위원장도 맡았다.

구체적인 창당과정 등은 뒤편에서 구체적으로 언급하고자 한다.

정말로 홍경표 전 회장과 의기투합한 필자는 종횡무진으로 움직였다.

윤사모가 초기에 한 일들은 우선 조국 사건으로 윤 대통령이 살아있는 권력과 맞서 법과 원칙을 지키기 위해 고군분투할 때 대검찰청에 화환을 계속 보내면서 용기를 잃지 않도록 응원하였다.

그리고 2020.11.24. 직무집행정지 관련 소송을 할 때 지금은 법제처장이 되었지만, 그 당시 이 사건을 맡아 소송을 하던 이완규 변호사에게 많이 받은 탄원서를 전달하기도 했다.

그 당시 누구도 윤석열 검찰총장을 위해 탄원서를 제출하지 않을 때 우리 윤사모는 탄원서로 윤 대통령을 응원했다.

천기누설, 점지된 용은 누구냐, 광야를 헤매다

문재인이 집권 초기부터 뭔가 잘못되어 간다고 큰 우려를 했다.

초기부터 반기를 들고 문제를 제기하면 그 피해는 전부 국민에게 고스란히 돌아가는 것을 우려하여 계속 지켜보기만 했다.

하지만 문 정권이 집권한 뒤 줄곧 보여준 무능과 독단, 탈원전, 공적자금 살포, 내로남불, 28번이나 실패한 부동산 정책 등, 이대로 방치하면 이 나라는 망하겠다는 절박함에 나라를 구할 인물을 찾게 되었다. 그 인물이 바로 윤석열 검찰총장이었다.

무지몽매한 범인이 하늘이 점지한 인물을 찾아낸다는 것은 낙타가 바늘구멍을 지나가는 것과 다름이 없었다.

그런데 '하늘은 스스로 돕는 자를 돕는다'라고 하는 속담과 같이 '구하라! 그러면 얻을 것이다'라는 말과 같이 한 줄기 빛을 찾았다.

그것은 다름 아닌 2019년 3월 5일 차길진 법사가 일간스포츠에 기고한 "국민의 마음을 사로잡을 사람"이란 칼럼을 보고 미래의 주인공을 찾아 광야를 헤맸다. 그 답은 그렇게 오래 걸리지 않았다. 1%대의 지지도에도 노무현 대통령의 당선 예언 등 차길진 법사의 영 능력, 예지력에 대하여 익히 알고 있었던 필자는 지금은 하늘의 별이 되었지만, 그 칼럼이 신줏단지가 되었다.

차길진 법사의 칼럼 전문은 다음과 같다.

◇◇◇

국민의 마음을 사로잡을 사람

새로운 돌풍을 몰고 올 인물

미국 남북전쟁을 북군의 승리로 이끈 율리시스 그랜트 장군은 1869년 공화당 후보로 대통령에 당선되었다. 1822년 오하이오의 가죽 기술자의 아들로 태어난 그랜트는 웨스트포인트에 들어가 멕시코 전쟁에 참전하였다. 남북전쟁이 발발할 당시, 그는 아버지의 가죽상점에서 일하는 평범한 노동자였다. 주지사의 명령으로 군 연대의 지휘권을 얻은 그랜트는 오합지졸 군대를 정예부대로 바꿔놓으며 준장까지 진급했다.

그는 헨리 요새, 도넬슨 요새를 탈환하여 미시시피 밸리를 북군의 통제하에 두는 작전을 성공시켰고 링컨 대통령은 그를 소장으로 진급시켰다. 그러나 샤일로 전투에서 패배하자 그를 해임하라는 요구가 빗발쳤다. 하지만 링컨 대통령은 "나는 그랜트를 버릴 수 없다. 그는 싸워야 하기 때문이다."라고 말하며 그랜트 장군에 대해 무한한 신뢰를 보냈다고 한다.

링컨의 신임에 화답이라도 하듯이, 그랜트 장군은 미시시피 요충지의 빅스버그를 함락하였고 링컨은 그를 북군 총사령관으로 임명하기에 이른다. 그는 여기에 그치지 않고 남군의 영웅 로버트 리 장군이 지휘하는 북 버지니아를 공격해 리 장군에게 항복을 받아내기에 이른다.

그랜트 장군은 북군의 영웅이자 훌륭한 장군이었다. 그러나 대통령이 된 뒤의 행보는 실망스럽기 짝이 없다. 과거 군을 통솔하는 방식으로 정부를 운영하였고, 상당한 액수의 뇌물을 받았으며, 투기꾼의 불법을 눈감아줘 국가 경제에 큰 피해를 입혔다. 퇴임 후에는 금융회사의 파트너가 되었지만 파산하였고, 후두암에 걸린 사실을 알게 되자 부채를 갚기 위해 회고록을 발간한 뒤 눈을 감았다고 한다.

훌륭한 장군이라고 훌륭한 정치가가 되는 것은 아니다. 장군은 신의가 있고 솔선수범하며 덕망이 높아야 하지만 정치가는 무엇보다 권모술수에 능해야 한다. 고대 로마의 정치가였던 안토니우스는 불세출의 장군이었다. 그는 동방원정 전투에서 패배해본 적이 거의 없었다. 그는 권력과 부를 거머쥐고 이집트의 여왕인 클레오파트라를 아내로 삼게 되자, 그녀와 함께 내란을 일으키지만 악티움 해전에서 옥타비아누스의 연합 군대에 패배해 자살하고 만다.

옥타비아누스는 군사적으로 안토니우스에 비할 바가 못 되었다. 비록 훌륭한 장군은 아니지만, 그는 훌륭한 정치가였다. '모든 길은 로마로 통한다'라고 하였던 5현제, 약 200여 연간 펼쳐진 '팍스 로마나(로마의 평화)'의 시작은 옥타비아누스였다. 그는 카이사르와 같은 독재정치를 하지 않기 위해서 원로원과 공동으로 정치를 하였고, 가장 핵심적인 군권과 외교, 황제의 자리는 슬기롭게 장악하며 안정된 로마 시대를 이끌었다.

군인은 의리를 지키지만, 정치가에게는 천하제일 과업이 있다. 장군은 배신을 용납할 수 없지만, 정치가는 천하를 위해 큰 배신을 해야 한다. 가장 이상적인 정치가는 장군의 덕목과 정치가의 덕목을 두루 갖춘 사람이겠지만 그런 인물이 나오기란 쉽지 않다.

시대가 영웅을 만든다. 그리고 지금 이 시대에는 장군과 정치가의 덕목을 아우를 수 있는 영웅이 절실히 필요하다. 청와대에 먹구름이 드리워졌다고 대한민국에 미래가 없다고 걱정들을 많이 하시는데 그러지 않으셔도 좋다. 난세가 영웅을 만드는 법이다.

나는 노무현 대통령이 당선되기 전, 동해 용오름 현상처럼 갑자기 나타난 인물이 청와대로 들어간다고 예언한 바 있었다. 이번에도 그럴 가능성이 크다. 루스벨트 대통령이나 대처 수상처럼, 평범한 듯 비범한 인물이 나타나 국민들의 마음을 사로잡을 것이다. 그 인물은 경천동지할 세상을 만들어 나갈 것이다. 일면 순수해 보이나 장사꾼처럼 셈에 빠를 것이다. 그는 SNS와 포털 서비스를 장악하고, 좌우, 동서, 남북의 대립을 눈 녹듯이 조정해 나갈 것이며, 미국과 일본, 북한과 중국, 러시아를 오가며 국제정세에 능통하게 대처를 해나갈 것이다. 기해년, 모든 분야를 아우르는 새로운 돌풍을 몰고 올 인물이 등장할 날이 머지않았다.

차길진(chakj47@whoim.kr)

차길진 법사 예언적중, 정말로 신인(神人)

차 법사의 예언대로 윤석열 검찰총장은 대통령이 되었다.

세상에는 범인들이 알지 못하는 혜안이 밝은 푸른 납자들이 있는 것은 사실이다.

윤석열 대통령이 손바닥에 임금 왕 자를 쓴 것을 보고 말들이 많았지만 그대로 되었지 않았는가.

구하면 구해지고 두드리면 열리는 것이 천지 이치다.

정말로 갈구하면 구해지지 않는 것이 없다는 것이 과학적으로 입증되고 있는데 이것을 미신이라고 치부하는 것은 무지한 자신의 잣대로만 보기 때문이다.

예지력의 대가 탄허 스님은 개미들이 남쪽으로 이동하는 것을 보고 6.25사변이 일어나는 것을 알았고, 가치들도 서풍이 많이 부는 해는 집을 지을 때 동문을 내고 북풍이 많이 불 것 같으면 서문을 낸다고 한다.

정신이 맑은 영 능력자들은 일반 사람과 다른 예지력이 있는 것은 사실이다.

까막눈인 필자는 차길진 법사의 칼럼을 확신하고 '국민의 마음을 사로잡을 사람'을 신발이 닳도록 찾아다녔다.

그런데 과학도가 미신을 믿는다고 빈정거림도 많이 받았다.

그렇지만 답답한 사람이 우물을 파고 죽어가는 사람이 지푸라기라도 잡듯이 차길진 법사의 갓모닝에서 그 해답을 구하고자 했다.

기해년에 새로운 돌풍을 몰고 올 인물이 출현한다고 해서 필자는 과연 누굴까 하고 대권반열에 이름이 올라 있는 사람을 탐색했다.

기해년이란 2019년을 말한다.

문재인이 윤석열 대통령을 검찰총장 후보에 지명한 날이 2019녀 6월 17일이다.

그해 7월 25일 문재인은 "우리 검찰총장님"이라고 추켜세우면서 "살아있는 권력도 성역 없이 수사하라"고 힘을 실어 주면서 임명한 날이다.

비리의 백화점과 같은 조국 전 수석을 수사하면서 윤석열 검찰총장은 미운 오리털이 박혔고 추미애 전 장관이 사사건건 시비를 거는 바람에 윤석열 검찰총장은 일약 국민적 영웅의 반열에 오르면서 국민의 마음을 사로잡았다.

차길진 법사로부터 이 정도 힌트를 받았으면 윤석열 검찰총장이 대통령이 된다는 것은 삼척동자도 알 수 있는 대목이 아닐까.

철없는 어린 시절 어머니께서 집에 콩나물을 키울 때 물을 수시로 주는 것을 보았지만 물을 왜 그렇게 많이 주시는 것을 알지 못했다.

콩나물에 물을 주는 것과 같이 추미애 전 장관은 콩나물을 키우는 엄마 역할을 했다.

추미애 전 장관이 윤석열 검찰총장을 때리면 때릴수록 몸집이 커지는 윤석열 검찰총장은 정말로 신기했다.

윤석열 검찰총장이 대통령이 된다는 것을 더 이상 의심하지 않고 필자는 인생을 걸었다.

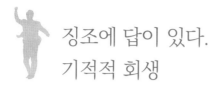

징조에 답이 있다.
기적적 회생

차길진 법사의 예언

윤석열 대통령이 대통령에 당선된다고 확신을 더 가지게 되는 사건이 있었다. 그것은 다름 아닌 2021년 6월 29일 윤 대통령이 윤봉길 의사 기념관에서 대통령 출마 선언을 할 때 큰 사고가 발생했다.

윤 대통령의 부친인 고 윤길중 교수와 고향이 같은 논산 노성에 사는 "다함께 자유당" 충남도당 위원장인 이의형 위원장이 고향에서 버스 3대를 동원하여 어르신들을 모시고 오는 등 과로와 인산인해의 인파에 밀려 심장마비를 일으켰다.

응급후송을 하였지만, 병원에서는 일시적인 심정지 과정에서 뇌사 상태가 되어 회복할 가능성이 희박하다는 절망적인 진단을 내렸다.

병원에서는 열흘 정도 지나자 장례 절차를 준비하라고 했다.

윤석열 대통령 예비후보 캠프에서도 비상이 걸렸다.

보통 난감한 일이 아니었다. 만약에 사망하게 되면 야당이나 좌파언론들이 벌떼같이 들고 일어날 것은 불문가지였다.

보안을 유지하려고 안간힘을 썼다. 발 없는 말이 천 리를 간다고 파죽지세로 소문이 났다. 어떻게든 이 사태를 최소화시키는 것이 필자의 의무였다.

이의형 위원장 일로 윤 대통령 후보에게 불똥이 튀는 것을 차단하기 위해 가족들과 긴밀히 협의하였다.

가족들도 적극적으로 협조하면서 마음의 준비를 했다. 고맙기 이를 데 없었다.

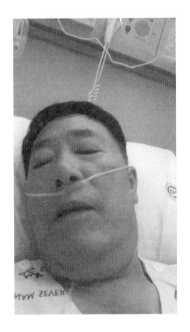

그런데 혼수상태에 빠져있던 이의형 위원장이 3주 만에 기적적으로 깨어났다. 천우신조가 아닐 수 없었다.

정말로 세상에 이런 일에 출연해도 무방할 기적이 일어났다.

필자는 이것을 보고 윤석열 대통령 예비후보에게 대통령이 될 대운이 있다는 것을 더욱 확신했다. 현재 이의형 위원장은 정상인 못지않은 건강을 되찾았고 지금도 윤사모 중앙회 부회장을 맡아 호위무사 역할을 하고 있다.

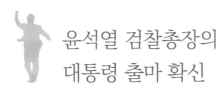# 윤석열 검찰총장의
대통령 출마 확신

2021년 3월 3일 윤석열 검찰총장이 대구검찰청을 방문했을 때 필자는 대통령 출마 결심을 했다고 확신했다.

이날 윤석열 대통령의 죽마고우인 박성곤 회장과 윤 대통령과 대구지검 초임 검사 시절부터 같이 근무했던 대구지검 전 검찰청 직원 7명도 나와 150여 명이나 참석했던 윤사모 회원들과 함께 윤석열 검찰총장을 열렬히 환영했다.

환영이라기보다는 '검찰총장직을 내던지고 구국의 대열에 앞장서라'고 촉구하는 시위와 결의대회를 방불하게 했다.

대구 윤사모의 일부 회원들은 검찰청 입구 양쪽 도로에서, "한 번도 경험하지 못한 나라 이게 나라냐, 당장 검찰총장직을 내던지고 구국의 대열에 앞장서라"고 하는 등 여러 종류의 현수막을 들고 환영했다.

또 다른 회원들을 검찰청 현관에 앞에 배치하여 "윤석열, 윤석열"을 연호하게 했다.

　아마도 검찰청 사상 처음으로 이런 시위성 연호를 외친 것은 처음인 것으로 알려졌다. 정말로 윤사모 회원들의 대통령 출마 촉구의 열기는 대단했다.

　필자는 이날 윤석열 검찰총장이 검찰총장직을 내던지고 대통령에 출마할 것이라고 확신한 것은 윤석열 검찰총장의 대구검찰청을 들어오기 전의 결연한 결의를 엿보았다.

　필자는 회원들을 독려하고 있는데 동대구 대로에서 대구검찰청으로 진입하기 전에 신호등이 켜져 있지 않았는데도 검은색 세단이 잠시 전방을 주시하면서 정차하는 듯했다가 아주 느린 속도로 검찰청으로 천천히 진입했다. 윤석열 검찰총장이 탄 차라고 확신하고 회원들에게 윤석열, 윤석열을 외치면서 열렬히 환영하라고 했다. 윤석열 검찰총장은 우측 문을 열어 환영하는 윤사모 회원들을 묵례하면서 천천히 검찰청 정문으로 진입하였다.

　이때 윤사모 회원들은 양쪽 도로에서 환영하였지만, 필자는 도로 안에서 양복을 입고 혼자 있었기 때문에 윤 대통령이 창문을 열고 바깥을 주시하면서 올라올 때 가장 먼저 조우한 사람이 필자였다.

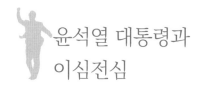

윤석열 대통령과 이심전심

석가모니 부처님이 마하가 섭존자에게 붓을 들어 보이면서 이심전심으로 서로의 경지를 확인하였듯이 이날 윤석열 검찰총장과 필자는 이심전심으로 하나가 된 역사적인 순간이었다.

그때 윤석열 검찰총장은 비장한 결심을 하고 마지막으로 대구검찰청을 방문하는 것으로 직감했다.

그날 필자는 윤석열 검찰총장이 우리의 성원에 화답하는 것 같은 느낌을 받았다. 정말로 이심전심이었다.

반드시 검찰총장 사표를 내고 구국의 대열에 합류할 것 같으므로 단단히 준비하자고 회원들을 독려했다.

이렇게 검찰청 정문을 통하여 윤 총장은 검찰청에 들어왔고 검찰청은 윤사모 회원들과 일부 지지자들의 환호 도가니였다.

아마도 검찰청이 생기고 검찰청 현관 입구에서 윤석열, 윤석열을 외치면서 시위성 환영행사를 한 것은 처음 있는 일이 아닐까 싶다.

윤 총장은 대통령에 출마하려고 고심을 해 왔겠지만 윤사모 회원들의 적극적인 지지가 결단을 내리는데 결정적인 역할을 한 것으로 본다.

2021년 3월 3일 대구검찰청을 방문한 후 3월 4일 칩거를 하다가 3월 5일 검찰총장직을 내던졌다. 이 순간이 바로 국운이 승천하는 대전환을 맞게 되었다.

이 당시 윤사모 팬클럽은 2만 명이 넘어서고 있었다.

소도 비빌 언덕이 있어야 하듯이 광야에 홀로서기를 결심한 것은 윤사모가 비빌 언덕 역할을 했다는 확신이 든다.

하늘의 점지를 받은 윤석열 대통령은 윤사모가 불러내고 지켜온 정의·공정·상식의 아이콘인 윤석열 대통령이 박정희 대통령 다음으로 위대한 대통령이 되어 제2의 민족중흥의 역사를 창조할 것은 의심할 여지가 없을 것이라 확신한다.

우리 윤사모는 윤 대통령이 국민의 가슴속에 영원히 지워지지 않는 비석이 새겨질 수 있게 임기를 마칠 때까지 일편단심으로 호위무사 역할을 다짐하는 마음은 한결같다.

사람이 환장하면 보이는 것이 없다고 윤석열 검찰총장만이 나라를 구할 수 있다는 믿음 때문에 검찰청도 안중에 없었다.

사실 이날 검찰청 직원들이 현수막도 들지 못하게 압력을 행사했다.

하지만 필자가 원하는 곳에 현수막을 걸고 윤사모 회원들은 손에 들기도 했다.

거친 항의에 검찰청 직원들도 상부의 지시를 받고 현수막을 걸 수 있도록 했다. 지금 생각해도 그 직원들은 상부의 눈치를 보느라 꾀나 마음고생을 했을 것으로 생각하니 미안한 마음도 든다.

그 당시 현수막은 다음의 4가지 종류이다.

이 현수막은 동대구로에도 게시하는 등 대구검찰청을 의식하지 않았다. 그리고 이게 나라냐, 나라를 구하라! 윤석열이란 현수막을 앞세우고 윤석열 총장 대통령 출마 촉구 서명운동도 전개했다. "이게 나라냐 나라를 구하라 윤석열"이란 현수막을 전국 방방곡곡에 게시했는데 대구에서는 300개 걸어 대구 시내를 도배하기도 했다.

윤석열 총장 대통령 출마 촉구 서명서

문정권의 무능과 독선, 편가르기, 실정, 폭정, 불공정을 일삼으로 인해 망국의 길로 치닫고 있는 나라를 방치하는 것은 국민이기를 포기하는 일이다.

라임, 옵티머스 금융사건, 청와대 울산시장 선거 개입의혹, 윤미향사건, 원전 조기 폐기, 북한원전 건설, 원전에서 생산된 전기를 북한으로 송전, LH부동산 투기, 국가부채 2,000조 시대, 희망의 사다리가 끊어진 청년실업 대란, 주택값 폭등으로 서민들의 주택 마련은 다음생이나 가능하고, 공적자금 살포로 전 국민들을 금붕어로 만들어 주물럭거리고, 윤석열 총장을 제거해 정권비리를 덮어 정권의 안녕을 꾀하고, 재 집권에 장애가 될 윤석열총장이란 원자폭탄을 없애기 위해 윤총장 찍어 내기가 검찰 개혁으로 둔갑시키는 나라!

공정과 정의, 상식은 전당포에 잡혀 있는 나라. 이것은 한번도 경험해 보지 않은 나라가 아닌가,
이게 나라냐? 문통이 말한대로 기회는 평등하고 과정은 공정하고 결과는 정의로운가?
저거들끼리 다 해먹는 나라가 나라냐?

풍전등화와 같은 나라를 구할 수 있는 사람은 과연 누구냐? 그 사람은 오직 윤석열총장 뿐이라고 확신하며, 이에 윤석열총장의 대통령 출마를 강력하게 촉구하며 여기에 서명하다.

(본 서명에 대하여 개인정보의 수집 및 이용에 반대하는 분들은 서명을 거부함.)

성 명	주 소	연락처	서 명

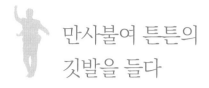

만사불여 튼튼의
깃발을 들다

윤사모의 바람대로 윤석열 검찰총장이 사직을 내자 윤사모는 윤 대통령의 진로문제에 대해 심각한 고심을 하지 않을 수 없었다.

그 당시 국민의 힘 전신인 미래통합 당은 국민의 외면을 받아 대통령 선거 후보도 낼 수 없을 정도의 불임 정당이었다.

깨끗한 이미지의 윤석열 대통령은 제3지대로 갈 수 없지 않을까 싶어 큰 우려를 했다. 국민의 버림을 받은 정당에 들어갈 수 없는 상황에 제3지대로 갈 수 있지 않을까 싶어 만사불여 튼튼이라고 만약을 대비하여 창당을 결심했다.

윤사모 전체 임원들에게 제3지대 창당의 필요성을 역설하고 창당을 하기로 의지를 모았다. 필자가 다함께 자유당 창당 준비 위원회 위원장을 맡았다. 2021년 3월 27일 창당발기인대회를 했다.

창당발기인 대회 장소를 서울로 하지 않고 인천으로 정했다. 그 이유는 6.25 전쟁 때 괴뢰의 허를 찔러 나라를 구하는데 결정적인 역할을 한 맥아더 원수의 인천상륙작전의 기를 받아 윤석열 대통령을 만들기 위해서였다.

이날 창당발기인대회에는 비가 억수같이 쏟아졌다. 많은 비가 내렸지만, 큰일에 비가 많이 오면 좋다고 하는 어른들의 말씀이 위안이 되기도 했다.

정당 창당 요건은 전국 17개 시, 도 중 최소한 5개 지역에서 창당대회를 해야 한다. 윤석열 대통령의 대통령 출마 선언 시간이 째깍 째깍하고 다가오고 있어 마음이 급했다.

코로나로 인해 50명 이하만 집회 허가가 났기 때문에 성대한 창당대회는 불가능했다. 그렇지만 열악한 환경 속에서도 창당

대회에 박차를 기했다.

3월 27일 인천에서 창당발기인대회를 한 후 대전에서 제일 먼저 창당대회를 개최했다. 대전은 윤석열 대통령의 고향이 가까운 곳이어서 상징성을 고려했다.

대전시당은 최세환 위원장이 맡았다. 대전창당대회를 시작으로 3개월 만에 전국 10개 지구당 창당대회까지 마치고 창당대회를 개최한 5개 지역을 근거로 중앙선관위원회에 등록 신청도 했고 당원도 15,000명이나 입당시켰다.

그러나 윤석열 대통령이 2021년 7월 말에 전격적으로 국민의 힘에 입당함에 따라 "다함께 자유당"을 해산하고 윤석열 대통령의 경선에 대비했다.

확보한 당원들을 전부 국민의 힘에 입당하여 윤석열 대통령의 경선을 돕는 데 최선을 다했다.

계백 장군 사당에서
윤 대통령 당선기원제

2021년 5월 21일 논산에서 충남도당 창당대회를 개최할 때 대회장 인근에 있는 계백 장군을 모시고 있는 충정사에 가서 합동으로 참배하면서 윤석열 대통령이 당선되게 하여 달라는 기원제를 지냈다.

제주를 맡은 필자는 기원제를 지내기 위해 축문과 도포를 준비해 갔다.

충남 논산시에 있는 충정사는 백제 말 위기에 처한 조국의 운명을 구하기 위해 5천 결사대와 함께 황산벌에서 신라군과 싸우다 전사하신 계백 장군의 위패와 영정을 모신 사당이다.

계백 장군은 황산벌로 싸우러 가기 전 전장에서 패하면 신라의 노비로 전락하게 될 부인과 자식들을 자신의 손으로 죽이면서까지 결연한 의지로 전투에 임했다.

사당 참배를 마치고 사당 인근에 있는 계백 장군 묘소에도 찾아가 참배했다.

계백 장군 사당과 묘소를 찾아 참배한 것은 5천 결사대를 이끌고 신라군과 맞서 싸우다가 장렬히 전사한 계백 장군의 살신성인 정신을 본받아 윤석열 대통령을 만드는데 계백 장군과 같은 기백으로 흔들림 없이 나아가기 위한 결의의 표시이기도 했다.

기원제에서 독축한 축문은 필자가 두서없이 지었고 김호경 정책기획단장이 독축했다.

기원문은 다음과 같다.

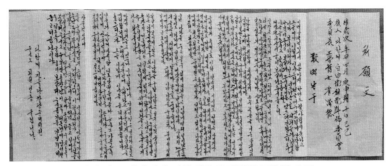

계백 장군 사당에서 기원제를 올리면서 독축한 축문

〈 원문 〉

　　所願文(기원문)

　　維歲次 辛丑 四月 庚申朔 十日 己巳

　　(유세차 신축4월 경신삭 십일기사)

　　後人 다함께 自由黨 創黨準備委員會

　　(후인 다함께 자유당 창당준비위원회)

　　委員長 工學博士 崔晟德(위원장 공학박사 최성덕)

　　敢昭告于(감소고우)

　　계백장군님이시여 지금까지 한 번도 찾아뵙지 못하고 오늘에야
이렇게 인사드리게 됨을 매우 부끄럽게 생각합니다. 부디 하해와 같
은 너그러움으로 저희들의 허물을 꾸짖어 주시고 보살펴 주옵시기
를 엎드려 간청드리오니 마음을 푸시고 용서하여 주옵소서

대장군이시여 굽이 보살펴 주시옵소서.

인간은 망각의 동물이라고 하지만 1400년이 지난 지금도 장군님을 잊지 못하고 흠모하고 있는 것은 누구도 흉내 내지 못하는 사내대장부의 결단과 기개로 뭉쳐진 우국충정의 살신성인 정신 때문이 아닐까 사료 됩니다.

나라를 구하기 위하여 처자식까지 손수 목숨을 거둔 장군님의 심정을 어찌 헤아릴 수 있겠습니까. 이런 결단으로 나라를 구하기 위하여 결행한 우국충정을 실천한 사람은 동서고금에도 장군님밖에 없을 것입니다. 또한, 장군님과 생사를 함께한 5000명의 결사대로 도도한 역사의 도도한 물결에도 지워지지 않고 후대인들의 마음 한가운데에 자리하면서 나라가 위기에 처할 때는 본받으라고 호통치는 소리가 귓전에 들려 오는 듯합니다.

문 정권의 폭정으로 인한 작금의 이 시대도 전쟁은 아니지만, 전쟁보다도 더한 내일을 기약할 수 없는 위기에 처해있는 것은 백제가 망할 때와 같은 풍전등화와 같은 처지에 놓여있습니다. 이게 나라냐고 분기탱천한 통곡의 소리가 삼천리 방방곡곡을 메아리치고 있지만 문정권은 반성과 대책도 없이 나라를 망가뜨리고 있습니다.

이런 나라를 두고 볼 수 없어 저희들은 이렇게 떨쳐 일어났습니다.

이번에도 좌파에 정권을 빼앗긴다면 낙화암에서 산화된 3000궁녀의 슬픔이 재현되지 않을까 참으로 두렵습니다. 영명하신 계백장군님 그래서 이런 나라를 구하고자 분연히 떨쳐 일어난 백성입니다.

앞날이 보이지 않는 이 나라를 구할 사람은 정의, 공정, 상식이 통하는 나라를 만들 수 있는 시대정신으로 준비된 윤석열 총장이 대통령 되는 길밖에 없다는 확신을 가지고 구국운동 즉 윤석열 총장을 대통령 만들기 위해 저희는 혼불을 지피고 있사옵니다.

하지만 저희는 너무나 미약합니다. 장군님 같은 결기와 용기도 미천합니다. 그래서 장군님께 고백하고 장군님의 보살핌을 호소드리고자 오늘 이렇게 인사를 올리게 되었습니다.

전국의 다함께 자유당 대표당원 동지들과 윤사모 가족들이 이렇게 장군님 전에 이 나라를 구할 수 있는 용기와 우국충정의 기운을 구하고자 하오니 계백장군님이시여 굽이굽이 보살펴 주시옵기를 엎드려 비옵니다.

장군님이시여
오늘 윤석열 총장님의 고향 노성에서 역사적인 다함께 자유당 충남 도당 창당식을 거행하오니 이 창당대회가 성공적으로 마치고 오늘 기점으로 온 국민들이 들불처럼 들고 일어나 윤석열 총장님을 대통령 만드는 일에 동참할 수 있도록 보살펴 주시고 윤석열 총장님이 꼭 대통령에 당선될 수 있도록 굽이굽이 보살펴 주옵시기를 간절히 비옵고 비옵니다.

다함께 자유당 창당준비위원

윤사모 회원 일동 올립니다.

계백 장군 사당에서 윤석열 대통령 당선기원제를 지내고 있는 모습
도포를 입은 사람이 필자이다.

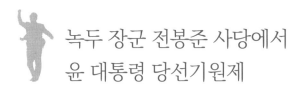

녹두 장군 전봉준 사당에서
윤 대통령 당선기원제

2021년 5월 21일 논산에서 충남도당 창당대회를 마친 후 광주시당 창당대회에 가는 길에 있는 녹두 장군 전봉준 장군 사당에도 찾아가서 참배했다.

농민혁명에 실패한 장군을 위무하고 녹두 장군이 못다 한 혁명을 위해서 나라를 구하겠다는 서원을 세웠다.

계백 장군에게 참배했던 것과 같이 필자는 도포를 입고 윤석열 대통령 당선기원제를 지냈다.

이날 비가 앞이 보이지 않을 정도로 엄청나게 쏟아져서 두서가 없었다. 이 비는 통한이 서린 녹두 장군의 눈물이라고 생각한다.

우리 윤사모 회원들이 당을 만들면서까지 윤석열 대통령을 만들어 나라다운 나라를 건설하겠다고 맹세를 하는 것을 보고 자신과 같은 혁명의 기치를 높이 든 윤사모에 대한 응원의 메시지가 아닐까 싶다.

그리고 지금까지 이런 큰일을 하기 전에 녹두 장군에게 인사하고 보살펴 주실 것을 앙망한 사람이나 단체는 별로 없지 않을까 싶다.

이날 녹두 장군께서 필자의 어깨를 두드리면서 격려하는 것 같은 느낌을 받기도 했다.

녹두 장군 사당에서 올린 축문도 필자가 지었고 김호경 정책기획단장이 독축했다.

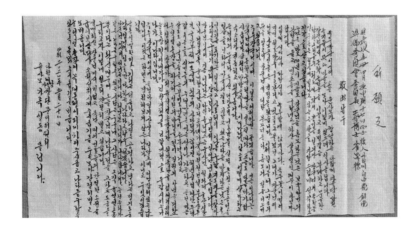

〈 원문 〉

所願文(기원문)

維歲次 辛丑 四月 庚申朔 十七日 酉子 後人

(유세차 신축 4월 경신삭 십칠일 유자후인)

다함께 自由黨 創黨準備委員會(다함께 자유당 창당준비위원회)
委員長 工學博士 崔晟德(위원장 공학박사 최성덕)

敢昭告于(감소고우)

녹두장군이시여 오늘 윤사모가 창당하는 다함께 자유당 당원 동지들이 뜻과 마음을 모아 이렇게 엎드려 인사 올립니다. 장군님께서 동학 농민군을 이끌고 조병갑 등 부패하고 무능한 탐관오리들의 횡포에 맞서 봉기를 일으킨 장군님의 동학농민운동은 청사에 빛나고 있음은 참으로 자랑스럽게 생각하고 귀감으로 삼고 있습니다.

그것은 바로 30년이 지금도 장군님을 흠모하는 것은 보국안민의 깃발을 들고 민초들을 구하려고 하신 살신성인 때문이 아닐까 합니다.

어릴 때 새야 새야 파랑새야 녹두밭에 앉지 마라. 녹두꽃이 떨어지면 청포 장수 울고 간다. 고 멋모르고 불렀던 노래가 장군님에 대한 사모곡인 줄은 진정 몰랐습니다. 이제 철이 들어 그 민요의 뜻을 알고서 장군님에 대한 부끄러움과 흠모의 정을 느끼고 있습니다.

녹두장군 님이시여 이 일을 어찌하면 좋겠습니까. 지금 이 나라는 장군님께서 동학농민혁명을 일으킬 때와 조금도 다른 바가 없사옵니다. 삼천리 방방곡곡이 "이게 나라냐", 앞으로 어떻게 살까 하는 곡소리가 진동하고 있사옵니다.

문 정권의 무능과 독선, 편 가르기, 내로남불, 실정, 폭정, 불공정을 일삼음으로 인하여 망국의 길로 치닫고 있는 나라를 방치하는 것은 국민이기를 포기하는 길이라고 사료되어 이 나라를 구할 지도자를 찾아 나라를 구하기 위해 장군님과 분연히 일어난 민초들입니다.

장군님이시여 지금 이 나라는 라임, 옵티머스 금융사건, 청와대 울산시장선거 개입 의혹, 윤미향 사건, 원전 조기폐기, 북한원전건설, 부동산 투기, 국가부채 2000조시대, 희망의 사다리가 끊어진 청년실업 대란, 주택값 폭등으로 시민들의 주택마련은 다음 생이나 가능하고 공적자금 살포로 전 국민들을 금붕어로 만들어 주물럭거리고.

윤석열 총장을 제거해 정권의 비리를 덮어 정권의 안녕을 꾀하고 재집권에 장애가 될 윤석열 총장이란 원자폭탄을 없애기 위해 윤 총장 찍어내기가 검찰개혁으로 둔갑시키는 나라가 이 나라입니다.

녹두장군 님이시여 공정과 정의, 상식은 전당포에 저당 잡혀 있는 나라입니다. 이것은 한 번도 경험해 보지 않은 나라가 아니고 무엇이겠습니까.

문통이 말한 데로 기회는 평등하고 과정은 공정하고 결과는 정의로운 나라입니까. 입으로만 다하는 나라가 나라라고 할 수 있겠습니까.

장군님이시여 저거들끼리 다 해 먹는 나라가 나라입니까. 풍전등화와 같은 나라를 구할 수 있는 사람은 누구냐 그 사람은 오직 윤석열 총장뿐이라는 확신 때문에 오늘 장군님께 나라 사정을 고하고 도움을 구하고자 이렇게 엎드려 간절히 빌고 있습니다.

영명하신 장군님께서 힘없고 못난 저의 민초들의 간절한 소원을 급히 보살피사 소원성취시켜 주시옵기를 두 손 모아 간절히 빌고 또 비옵니다.

윤석열 총장이 꼭 대통령이 되게 하여 주시옵고 나라를 구할 수 있도록 돌봐주시옵기를 비옵니다.

西紀 二0二一年 五月二十八日(서기 2021년 5월 이십팔일)

다함께 자유당 창단준비위원회

윤사모 가족 일동 올립니다.

윤석열 대통령과 함께
대구 2.28 학생의거 탑에서 참배

윤석열 대통령은 2021년 3월 5일 검찰총장직을 내던지고 2021년 7월 20일 처음으로 대구를 방문하고 2.28 대구학생의거 탑에서 참배하고 헌화했다.

이때 필자도 윤 대통령과 함께 참배했다. 윤 대통령은 2.28 참배 후 마지막 일정이었던 대구 수성구에 있는 수성못에서 시민들에게 거리 인사를 한 후 구경할 때까지 필자도 동행했다.

이때만 해도 윤석열 대통령은 대구 시민들로부터 크게 환대를 받지 못했다.

대구에 와도 국회의원 한 명도 환영하지 않은 푸대접을 받았지만, 대구 윤사모가 현수막을 걸고 최대한 많은 회원을 참여하게 하는 등 최대한 환영을 했다.

수성못에서 거리 인사를 할 때 윤석열 대통령은 걸음이 너무 빨라 뒤따라가는 사람들이 혼이 났다.

의전에 문제가 많이 있어 보여 필자는 윤석열 대통령의 둘도 없는 죽마고우인 박성곤 회장에게 걸음을 빨리 걷지 말고 시민들과 호흡하면서 다정하게 인사하고, 사진도 찍고 아이들도 안아주는 연출도 좀 했으면 좋겠다고 주문도 했다. 이 당시만 해도 수행원 몇 명과 뒤따르는 윤사모 회원이 전부였는데 지금 생각해 보니 참으로 감회가 새롭다.

윤석열 대통령이 2.28 학생의거 탑을 참배할 때 사진
우측 윤석열 대통령, 좌측이 필자

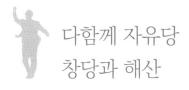

다함께 자유당
창당과 해산

2021년 3월 27일 인천에서 다함께 자유당 창당발기인 대회를 개최하였다. 창당 조건은 5개 이상 창당대회를 해야만 했다. 이렇게 어렵게 창당한 다함께 자유당은 윤석열 대통령이 2021년 7월 말 전격적으로 국민의 힘에 입당함으로써 윤사모가 힘들게 만든 다함께 자유당도 무용지물이 되었다.

하지만 윤사모의 정신적 지주인 윤석열 대통령이 국민의 힘에 입당한 것에 대하여 그 뜻을 존중하기로 하고 해산 절차를 밟았다.

창당과정에서 윤 대통령을 만들기 위해서인지 하늘은 필자에게 두 명의 장수를 보내주었다. 한 명은 지혜로움이 하늘에 닿은 지장(智將) 이었고, 또 다른 한 명은 용맹함이 극에 달한 용장(勇將)이었다.

한 명은 밝힐 수 있지만 다른 한 명은 밝힐 수 없다. 이 지장은 현재도 밝힐 수 없는 곳에서 맹활약하고 있다.

그 지장은 창단 과정과 해산 과정을 화합하고 성숙의 장을 만들었다. 해산 후 "윤사모"와 "다함께 자유당" 참여자들을 중심으로 경선과 본선 과정을 치루어 낼 동력과 조직을 정비해 주었다.

가히 제갈량의 현신할 수 있는 비범한 인물이다.

조자룡을 생각나게 했던 용장은 다름 아닌 장철호이다.

윤석열 검찰총장이 "사람에게 충성하지 않는다"는 말에 이끌려 스스로 윤사모를 찾아왔다. 필자는 첫눈에 그 비범함을 알아보고 '다함께 자유당' 당무 감사원장을 맡겼다.

이후 장철호 원장의 눈부신 활약은 필자에게 천군만마가 되었다.

윤사모에서 파생된
20만 대군 대선 올인

다함께 자유당 해산 결정 후 윤사모는 제2기 체제를 출범시키고 조직 재정비 작업에 들어갔다. 150여 개로 난립해 있던 지지조직들이 이합집산을 거쳐 윤사모의 깃발 아래로 모여들기 시작했다.

전국적으로 그야말로 맹장들이 출현했다.

전 충청남도지사를 지낸 박태권 상임고문, 최도열 국가정책발전연구원 원장, IBS 중앙방송의 최익화 상임고문, 박주선 전 국회부의장, 석동현 상임고문, 최광 보건복지부 장관, 최금숙 전 한국여성단체협의회 회장, 윤석우 전 전국시도의장협의회 의장 등

윤사모 임원들

■ **상임고문**
박태권(전 충남도지사국회의원) 최도열(국가발전정책연구

원장, 행정박사) 박주선(전 국회부의장) 석동열 상임특보 (전 부산지검장) 최광(보건복지부장관) 최금숙(한국여성단 체협의회장법학박사) 윤석우(전 전국시도의회 회장협의회 회장) 김용주(변호사, 행정, 사법고시 합격) 최익화(IBS중 앙방송국 회장) 석연화(세계불교승왕청법왕) 박연숙(한국 여성언론인협회 총재) 이수남(영남우유 대표, 수의사)

■ 고문

박진규(두일기업연구소 소장) 전면엽(제5관구 사령관) 최 용기(한국의용소방대중앙회 회장) 김현호(한국에어로빅연 합회 회장) 윤순택(전국군비행기장피해주민연합회 수석부 회장)

■ 자문위원

위원장 남덕진(용원산업회장)

부위원장 길종성(고양시의원) 신영기(다함께자유당 경북 도당위원장) 최세환(다함께자유당 대전시당위원장) 신본 철(다함께자유당 경기도당위원장) 이기종(국민대교수) 최 정민(쌍용프라자 대표, 경영박사) 김해성(한국유치원총연 합회 자문위원장) 김정준(이화여대 교수) 이연승(경성대 교수) 구자익(서경대 부총장) 이규건(서정대 인터넷정보과 교수) 장영철(중앙대 교수) 이준우(공정거래행정사무관)

김석호(국민의힘 민족화해위원장)

■ **회장** 최성덕(대구영남매일 대표이사/사장, 공학박사)

■ **수석부회장** 이건완(공군참모차장, 3성장군)

■ **부회장** 최현규(동양대 대학원장, 경영학박사) 임광식(시티고그룹 전무이사) 이정우(건국대 교수, 경영학박사) 주범석(국민의힘 대구시당 고문)

■ **사무총장 겸 부회장** 공영윤(제8,9대경남도의원) *부총장* 김대환(ROTC부회장)

■ **감사** 정해은(주식회사 SLT 회장) 안금재(사단법인 영덕군 환경보전협회 회장)

■ **공보특보단장** 안기환(시사우리신문 사장)

■ **정책기획단장** 김호경(창원대 총학생회장)

■ **언론홍보전략본부장** 황영석(칼럼니스트)

■ **홍보팀장** 배철현(진주시의원)

■ **SNS운영팀장** 오종근(IDEAON대표)

■ **직능관리본부장** 한재규(성암야간학교 교장)

■ **여성위원장** 김능희(성원포럼 대표)

■ **국민먹거리위원장** 박창배(국회의원 사무국장)

■ **청년위원장** 김성록(아이보리코스메틱 대표)

■ **종교위원장** 이창연(대경대 교수)

■ **골목상권살리기위원장** 이원섭(대구시장상인연합회 수석부
   회장)

■ **IT산업발전위원장** 전왕엽(기가코리아 기술개발본부장)

■**법률자문위원장** 조소연(종합법률로서브 대표변호사)

■**대외협력위원장** 배종천(전국시의회의장단협의회 부회장)

■ **의료사회복지본부장** 김동국(한국의료복지신문 기자협의장)

■ **다문화위원장** 남상대

■ **장애인위원장** 정태희(한국지체장애인협회 울산시회장)

■ **실버세대위원장** 신종인

■ **전국17개 시도협의회장단**
   인천시회장 박관희(다함께자유당 인천시당위원장) *대구시*
   회장 안영세(교사, 대구육상연맹 부회장) *경북도회장* 윤병

진(지방시의원 5선) **울산시회장** 서일경(춘혜대 교수) **경남 도회장** 박장우(경남생활체육협의회장) **전북도회장** 민경선 (대구한의대 교수) **전남도회장** 조대웅(시사메거진 전남취 재국장) **광주시회장** 고경일(전남대 교수, 행정학박사) **충남 도회장** 오연근(청소년유해환경감시단협의회장) **충북도회 장** 김귀현(충북적십자 회장) **세종시회장** 김상배(한국대중 음악인연합회 세종시지회장) **부산시회장** 박수용(대한민국 팔각회 총재, 부산5선 구의원) **강원도회장** 박태복(강원도 행정국장, 행정학박사) **제주도회장** 박선호(제주-목포터널 추진위원장) **대전시회장** 김용준(대전시장 비서실장) **경기 도회장** 김용(청와대 행정관) **서울시회장** 윤석남(뉴-평강건 설 대표)

■ **구미시회장** 김찬수(린나이구미대리점 대표, 구미자연보호 협의회장)

순식간에 양산박이 된 윤사모 10만 회원을 거느리게 되었다.

특히 경기도 윤사모의 활약이 두드러졌는데 김용 회장 아래 수 석 부회장 김능희, 박연숙 화성 회장의 활약은 백미라 할 만했다.

김용 회장과 길종성 자문위원장은 각각 화성시장과 고양시장

선거에 출마하여 윤사모의 큰 뜻을 펼치고자 했으나 분루를 삼켰다.

'다함께 자유당' 충북도당 위원장을 역임했던 양현대 위원장이 충청연대를 결성하여 6만여 명의 회원을 모집하였고, 부산시당 변영국 사무처장이 '하나 되는 부·울·경'을 만들어 3만 명의 회원을 규합했다.

강원도당 위원장 지형덕은 '동해의 힘'을 결성하여 강원도 지지단체의 구심점이 되었고 제주도당 위원장 박선호는 '탐라국인회'를 만들어 제주도 모든 지지조직을 하나로 만들었다.

이렇게 윤사모에서 파생된 20만 대군이 이번 대선 승리의 견인차 역할을 했다고 해도 과언이 아닐 것이다.

양산박의
영웅들

'다함께 자유당' 해산 후 장철호는 당시 사조직을 지원하고 규합했던 헌법정신수호단(총재 노철래)의 조직 총괄 본부장으로 들어가 별동대를 구성하고 동원력을 확보했다.

각종 사조직의 행사장이나 당시 윤석열 예비후보자의 유세현장을 뜨겁게 만들어 갔다.

본인이 직접 자원봉사 수행, 경호팀을 꾸려 약 6개월간 전국의 유세현장을 주도했다.

경선에서 승리한 날 우는 모습이 YTN에 잡혀 울보 장철호로 닉네임을 얻기도 했다.

본선에서는 국민의 힘당 유세단에 소속되어 대북(큰북)유세팀을 만들고 전국에 북소리를 울려 보수진영에서는 유명인사가 되었다.

용장 장철호의 모습에 반한 많은 사람이 지원하였는데 특히 경북도당 위원장 신영기의 헌신이 감동적이었다.

신영기 위원장은 윤석열 후보가 가는 곳마다 한 번도 빠지지 않고 다녔다.

장철호 당무원장 등은 좌파 유튜브가 윤석열 대통령 자택 앞 도로에서 집회 시위를 할 때 2022. 6. 13부터 11. 7까지 장장 147일을 맞불을 놓아 잠재우기도 했다.

속 썩인 파렴치한 일당들과 짝퉁 윤사모

필자는 보수의 심장인 대구시를 지키기 위하여 윤사모 대구시 위원장과 '다함께 자유당' 창당준비 위원장 겸임을 했다가 격이 맞지 않는다고 해서 윤사모 상임고문을 맡았다.

당을 창당하는 것은 장난이 아니었다. 조직과 자금이 수반되어야만 창당할 수 있는데 자금이 부족하여 정말로 힘들게 창당을 했다.

필자는 창당하면서 가장 힘들게 했던 것은 홍경표 전 회장이 약 2만 명이 넘는 회원들로부터 받은 회비와 기부금, 윤사모 간부 임명장을 주면서 받은 금액을 투명하게 공개하지 않는다고 연일 몇몇 유튜브에서 두들겼고 좌파언론에서도 씹기 시작했다.

윤사모의 생명은 도덕성을 상실하면 존재가치가 없는 것이다. 윤석열 검찰총장의 정의·공정·상식, 법과 원칙에 부합해야만 하는데도 홍경표 전 회장의 도덕성은 땅에 떨어져 도마 위에 올랐다.

필자는 기가 찼다. 이것을 수습하지 못하면 윤사모를 해체하는 것이 윤석열 검찰총장을 돕는 것으로 생각했다.

그래서 수차례 모 유튜브 대표를 찾아가서 손이야 발이야 빌었다. 열 번 찍어 넘어가지 않는 나무가 없다고 겨우 설득시켜 우호적으로 보도하게 했다.

이밖에도 홍경표 전 회장은 상장회사의 비상임 이사로 취임하여 엄청난 금액을 받고 있다고 언론에서는 도마질했다. 정말로 회의가 들었다.

윤사모 초창기부터 윤석열 검찰총장을 대통령으로 만들자고 의기투합했지만, 언행일치가 되지 않아 힘들게 했다.

이런 와중에 '다함께 자유당' 창당이 순조롭게 진행되자 홍경표 전 회장이 필자에게 자신의 꿈은 국회의원이 되는 것이므로 창당이 되면 필자는 윤사모 회장을 맡고 자신이 '다함께 자유당' 대표로 가도록 협조를 부탁했다.

필자는 어떤 직책이 필요한 것이 아니라 오직 윤석열 검찰총장을 대통령으로 만들어 나라를 구하는데 목표를 두었기 때문에 홍경표 회장의 제의를 흔쾌히 수락했다.

그런데 홍경표 회장은 2021년 6월 대전 유성호텔에서 개최한 임시 총회에서 다함께 자유당 대표로 인준받은 후 마음이 달라지기 시작했다.

윤사모 회장을 자신이 마음대로 주물럭거릴 수 있는 만만한 사람을 회장으로 임명하려고 온갖 권모술수를 부리면서 "다함께 자유당"과 윤사모를 자신의 손아귀에 넣어 좌지우지하려고 과욕을 부렸다.

필자는 사악하고 공정하지 않고 정의롭지 않은 인간을 이대로 방치하면 대선을 망칠 것 같은 생각을 지울 수 없었다.

2021년 6월 25일 서초동의 한 커피숍에서 담판했다.

이 자리에 송인환 먹거리 위원장을 배석시켰다. 홍경표 전 회장은 처음에는 윗선에서 80살 정도 먹은 3성 장군을 윤사모 회장으로 시키라는 특명이 있어 필자에게 회장직을 넘겨줄 수 없다고 했다.

이에 필자는 윤사모가 "송장 치울 일이 있느냐"고 야단치면서 윗선이 누구냐고 다그치자 슬그머니 꼬리를 내리면서 자신이 추천하는 사람인 송인환 씨를 수석부회장과 윤사모에 입회한 지도 얼마 되지 않아 잉크도 마르지 않은 이종찬 씨를 사무총장에 임명하여 달라고 말 바꾸기를 했다.

필자는 그렇게 하겠다고 약속을 하고 대구로 내려오기 위해 서울역으로 가는 도중에 또다시 회원들을 핑계 대면서 회장 선거를 실시하겠다고 번복했다.

윤사모의 내분이 바깥으로 새어 나가면 윤 대통령의 선거에도 막대한 영향을 미칠 수 있으므로 필자는 속앓이하다가 비장의 카드를 꺼내 들었다.

자꾸 이렇게 흔들어 대면서 약속을 지키지 않으면 '다함께 자유당' 대표자리를 넘겨주지 않겠다고 배수진을 쳤다.

이렇게 강수를 두자 백기를 들고 2021년 7월 6일 자신이 요구한 대로 송인환 씨를 수석부회장, 이종찬 씨를 사무총장에 임명하겠다고 약속하자 필자를 윤사모 2대 회장으로 임명한다고 발표했다.

우여곡절 끝에 필자는 제2대 윤사모 회장을 맡게 되었다.

홍경표 전 회장의 제2대 윤사모 회장 발표문은 다음과 같다.

안녕하십니까?

윤사모 가족 여러분!

윤사모 중앙회 회장 홍경표입니다.

저는 2021.6.29.에 윤석열 전 총장의 대권 선언에 맞추어 윤사모 회장직을 내려놓겠다고 선언하면서, 차기 윤사모 회장을 "제2기 윤사모 중앙회장 경선 선거관리위원회"에 요청 한 바 있습니다.

그러나, 6.29. 14:00 대권 선언 현장에서 뜻하지 않은 이의형 충남 논산 위원장의 사고로 인해 혼란에 빠져들었지만, 우리 앞에는 자유 대한민국을 지키고 바로 세워야 하는 큰 대업이 있기에 하루속히 병상에서 일어나시길 매일 기도하니 오늘 기적의 소식을 접하게 되었습니다.

요청 이후 차기 회장 경선과정에서 선거인단 구성 모집 등의 문제로 선거관리위원회도 해체되고, 윤사모를 이용하여 자신의 사리사욕에 매료되어 100여 명의 윤사모 가족과 당직자들이 함께하는 단체톡방에 욕설, 비방, 음해 등이 난무하여 더 지켜볼 수 없을 뿐만 아니라,

전국 각 지역의 윤사모 가족분들의 진정한 요청의 뜻을 받들어 윤사모의 조속한 정상화를 통한 분열되는 것을 막기 위해 큰 결심을 하고 다음과 같이 결단을 하게 되었습니다.

- 다 음 -

1. "윤사모"는 자유 대한민국을 지키고 이를 바로 세우기 위해 윤석열 전 총장님을 우 리의 지도자로 모시기 위함이다.

2. "윤사모"는 이를 이용하여 자신의 이익을 챙기고자 하는 자가 있기에 초기(제1기) 에 선임된 모든 윤사모 가족들은 전원 직을 내려놓고 제2기 회장에게 재신임을 받 도록 한다.

3. "윤사모" 제2기 회장은 조직강화에 공헌도와 기여도를 감안하여 초대회장이 지명 으로 추대한다.

4. 따라서 "윤사모" 제2기 회장으로 윤사모 조직과 다함께 자유당 창당과정에서 공헌 도가 가장 높은 최 성 덕(대구)을 지명 추대한다.

2021. 07. 06

윤사모 중앙회 초대(제1대) 회장 홍경표

윤사모 2대 중앙회장에
최성덕 다함께자유당 창준위원장

입력 2021.07.07. 오후 6:53
수정 2021.07.07. 오후 6:54

최일 기자

최성덕 윤사모 제2대 중앙 회장 ©뉴스1 (대전=뉴스1) 최일 기자 = "윤사모의 발전 이 곧 대선 승리입니다!" 보 수 야권의 대권주자인 윤석열 전 검찰총장 지지자들로 구성

된 '윤사모'(윤석열을 사랑하는 모임)는 제2대 중앙회장 에 최성덕 다함께자유당(가칭) 창당준비위원장을 내정했 다고 7일 밝혔다. 지난해 1월 출범한 윤사모는 홍경표 회 장 체제로 운영되다 지난달 29일 윤 전 총장의 대선 출마 선언에 맞춰 홍 회장은 1대 회장직을 내려놓았다. 최성덕

신임 회장은 "중앙회 조직을 재정비, 윤사모 100만명 회원 가입, 나라 살리기 1000만명 서명운동 전개 등으로 윤석열 대선 후보의 당선을 위해 윤사모가 중심적 역할을 하겠다"며 "윤사모의 발전이 곧 대선 승리라는 각오로 윤석열 대통령 만들기에 최선을 다할 것"이라고 포부를 밝혔다. 홍 전 회장은 다함께자유당 초대 당대표로 취임할 예정이다. 다함께자유당은 지난 5월 말까지 대전시당과 충남도당을 비롯한 전국 10개 시·도당 창당을 마쳤고, 곧 5개 시·도당 창당 승인을 앞두고 있다.

최일 기자(choil@news1.kr)

제2대 윤사모 중앙회장이 된 필자는 고민에 빠졌다. 그것은 다름 아닌 수석부회장과 사무총장이 될 사람들의 자질이 문제였다.

하지만 송인환 씨는 부족함이 있어도 수석부회장으로 임명해도 될 것 같았지만 사무총장을 맡은 이종찬 씨는 과거 대선에서 좋지 않은 소문의 투서가 날아들고 사무총장직을 수행할 함량 미달로 생각되어 부회장을 맡을 것을 제의했다.

하지만 거부하여서 할 수 없이 사무총장을 임명하기로 했다.

윤사모, 전임회장 만든 '짝퉁 윤사모' 속앓이… ″비상식적 행동″

**불합리한 회칙 개정에 반발 후 따로 만든 모임…
시비 불거져 ….최성덕 회장, 혁신작업에 시동**

기사입력 **2021-08-19 13:45** 최종편집 **경남우리신문**
작성자 **안기한**

　국민의힘 대권 주자인 윤석열 전 검찰총장을 지지하는
모임인 윤사모(윤석열을 사랑하는 모임)이 최근 '짝퉁 윤
사모'에 속앓이를 하고 있다. 불합리한 회칙을 개정한 신
임 지도부에 반발한 전임회장이 따로 윤사모를 만들어
출범시키면서 짝퉁 시비가 불거진 것이다.

▲ 지난 2일 대구에서 열린 윤사모중앙회의 및 임명장수여식.
ⓒe시사우리신문 편집국

지난달 6일 제2기 윤사모 회장에 취임한 최성덕 회장은 그동안의 불합리한 회칙을 개정하고 조직을 전국화하기 위해 대대적인 혁신작업에 시동을 걸었다. 최 회장의 이 같은 방침에 따라 지난 2일 대구에서 전국 윤사모 중앙회 임원 46명이 참석한 가운데 윤사모 중앙회의와 전국 17개 시도협의회장 임명식을 가졌다. 이 자리에서 최 회장은 중앙 임원들에게 임명장을 수여한 후 불합리한 회칙을 대대적으로 개정하고 그동안 선임되지 않았던 감사를 선임했다. 또 차기 회장을 현직 회장이 추대하도록 된 규정을 중앙임원 대의원 대회에서 선출하는 것으로 회칙을 개정하고 회비도 회장 개인 통장으로 임금되도록 한 규정도 삭제했다. 이와 함께 11만원의 직책수당도 삭제했고 회장이 사무총장을 해임시키지 못하도록 한 규정과 수석 상임고문이 중앙회장을 해임시키도록 한 회칙도 개정했다. 뿐만아니라 개정되기 전의 회칙에 전 회장이 회장직을 그만두고도 윤사모를 좌지우지하도록 하고 현 회장은 아무런 권한을 갖지 못하도록 한 회칙의 독소조항도 개정했다. 최 회장의 이 같은 회칙 개정에 대해 전임

회장 A씨와 수석 부회장으로 내정된 B씨, 사무총장으로 내정된 C씨 등 전임회장 A씨의 측근 5명이 들고 일어나 고성을 지르며 회의를 방해하는 소동도 일어났다. 이날 12시에 마무리된 회칙 개정으로 중앙회 임원 등 대의원 대회 없이는 회장을 선출할 수 없도록 했다. 이에 반발한 전임회장 A씨는 이날 회칙 개정을 인정할 수 없다며 자신이 다시 윤사모 회장에 복귀하겠다고 이날 오후 11시쯤 선언문을 발표했다. 윤사모의 현 임원진은 A씨가 복귀 선언 시간을 조작해 마치 이달 1일에 발표한 것처럼 소급해서 발표했다고 주장했다. 주범석 부회장은 "인터넷 시대에는 이런 거짓말이 통하지 않는데도 A씨가 이런 짓을 서슴지 않는 것으로 봐서는 아직도 윤사모가 자신의 소유물인 줄로 착각하고 있는 것으로 보여 연민의 정이 느낀다"며 "윤사모 회장을 그만두고 신임회장이 선임 되었는데도 무슨 자격으로 윤사모 회장직에 복귀할 수 있는지 이해할 수 없다"고 말했다. 전임회장 A씨는 회장 복귀가 무산되자 11일 거제도에서 B씨를 회장으로 C씨를 사무총장으로 임명하고 자신은 명예회장 취임하면서 소위 또 다른 윤사모를 출범시킨 것으로 알려졌다. 최성덕 2기 회장은 "지난 2일 윤사모 수석 부회장으로 임명장도 받은 B씨는 변심해 '짝퉁 회장'에 등극했다고 좋아하는 것을 보았을 때 윤석열 후보를 대통령으로 만드는 일보다 자신의 명예욕과 입신영달에 눈이 더 먼 정의롭게 못 하고 공정하지 못하며 비상식적인 사람들로 보인다"며 "조금만 지켜보면 이번에 출범한 전국의 윤사모 회원들이 정권 창출의 일등공신이 될 것이라는 것을 똑똑히 보여 줄 것"이라고 말했다.

윤사모 전 회장, 회비·후원금 내역 공개 안해 논란

기사입력 2021-08-19 13:32 최종편집 **경남우리신문**
작성자 **김호경**

독단적으로 팬클럽 운영하면서 회원 회비·독지가 후원금 등 자신의 통장에 받고 공개 안해
회원 "윤사모 만든 공적은 인정 자신의 사유물인것처럼

착각"상식에 어긋난 행위 대해 비판
최성덕 회장 "환골탈태 시킬것"

여권의 대선주자 윤석열 전 검찰총장의 자발적 팬클럽인 윤사모(윤석열을 사랑하는 모임)의 전 회장이 회비와 후원금 사용을 두고 투명성 논란에 휩싸였다.

17일 윤사모에 따르면 전 회장 A씨가 독단적으로 윤사모를 운영하면서 2만6000여 명의 회원들로부터 받은 회비, 각종 위원장 등 직책을 수백 명에게 부여하면서 각각 11만원씩 받은 금액과 독지가들로부터 받은 후원금을 자신의 통장으로 받고 이를 공개하지 않고 있어 도덕성과 투명성이 도마 위에 올랐다.

회원들은 지금까지 받은 회비와 후원금 내역을 공개하라고 요구하고 있지만 A씨는 지금까지 구체적인 답을 내놓지 않고 있는 것으로 알려졌다.

회원들은 윤사모를 만든 공적은 인정하지만 윤사모를 자신의 사유물인 것으로 착각하고 있는 것이 가장 큰 문제점이라고 지적하고 있다. 또 지난해부터 지금까지 유튜브 등 각종 매체에서도 회비와 후원금 내역을 공개하지 않고 있는 A씨의 상식에 어긋나는 행위에 대해 비판을 하고 있다.

신영기 전 윤사모 경북총괄위원장은 "A씨는 공정, 정의, 상식과 거리가 먼 사람으로 윤석열 대통령 후보자를 빙자해 회비를 갈취해 법의 심판을 받아야 한다"고 혹평했다.

또 다른 간부인 김 모씨는 "국민 캠프에서는 A씨의 이름만 나와도 경기를 일으킨다"며 "나쁜 사람으로 낙인찍혀 있는 사람인데도 무엇 때문에 몇몇 사람이 부화뇌동하고 있는지 안타깝다"고 말했다.

지난달 6일 윤사모 제2기 회장으로 취임한 최성덕 회장은 "윤사모를 투명하게 운영하고 환골탈태 시키겠다"며 "최근 문제가 되고 있는 회비와 후원금에 대해서도 한 점의 의혹도 없이 명명백백하게 밝혀 공정하고 정의롭고 상식이 있는 윤사모를 만들겠다"고 밝혔다.

윤사모는 비공개 페이스북 회원만 약 2만6000여 명이 넘고, 전문가 그룹, 중소상공인들이 참여하는 회원 수만 약 6만여 명에 이른다.

윤사모 제2기 정기 총회 및 임원 임명식

코로나가 한창 극성을 부리고 있는 법적으로 한 자소에 50명을 초과할 수 없어 정기 총회를 개최하여도 많은 회원이 참석할 수 없었다.

그래서 2021년 8월 2일 팔공산 자락에 있는 별궁전 회의실에서 중앙회 임원과 각 시·도회장만 소집하여 정기 총회를 개최했다.

필자는 다음과 같은 인사말로 결연한 의지를 표하면서 윤석열 대통령을 꼭 당선시켜 나라를 구하자고 역설했다.

총회에서 먼저 임원들을 임명하고 회칙 개정작업에 들어갔

다. 필자가 회장이 되고 나서 송인환 씨를 통해 윤사모 회칙을 받아 보니까 너무 황당했다.

처음 필자와 홍경표 전 회장이 함께 회칙을 만들었을 때의 회칙이 아니었다. 중간에 회칙이 너무 많이 각색되어 있었다.

그래서 2021년 8월 2일 개최한 총회에서 회칙을 개정하였다.

회칙을 보면 전임회장이 후임 회장을 지명하여 선임할 수 있게 하였고 전임회장은 윤사모의 수석 상임고문이 되어서 신임회장을 해촉시킬 수 있고, 또한 직권으로 총회도 개최할 수 있는 권한도 가질 수 있었고, 또한 각종 위원회 위원장에게 11만 원씩 회비 부과를 하고 회칙 회비 규정에 초대회장 홍경표 전 회장의 명의로 된 통장번호와 은행까지 명시하여 회원의 회비와 후원금이 홍경표 전 회장의 통장으로 입금되게 하여 퇴임한 홍경표 전 회장이 금전적인 것을 총괄 관리하게 되어 있었다.

세상천지에 회칙에 통장을 명문화한 이런 회칙이 어디에 또 있을까.

이것은 소가 들어도 웃을 일이 아닐 수 없었다.

필자는 총회에서 회칙을 대폭으로 개정했다. 회장 선임은 대의원 직선제로, 전임회장의 상임 수석 고문제 폐지, 각 위원장에게 부과하는 11만 원 규정 폐지하고 회칙에 명기되어 있는 홍경표 회장의 명의로 된 통장을 폐지하였다.

이렇게 불합리한 회칙을 개정한다고 총회에 참석했던 홍경표, 송인환, 이종찬, 김덕진 문화 예술위원장이 총회를 하지 못하도록 회의장을 난장판으로 만들었다.

회칙 개정으로 홍경표 전 회장이 당연직 수석 상임고문이 될 수 없어 섭정할 수 없게 되자 이들은 홍경표 전 회장의 앞잡이가 되어 난동을 부렸다.

과연 이런 몰상식한 인간들이 정의, 공정을 외칠 수 있을까.

특히 홍경표 전 회장은 2021년 6월 중순 대전 유성호텔 회의 때 "다함께 자유당" 당 대표자 지명을 받았다.

반대하는 당직자들이 많았지만, 필자는 홍경표 전 회장과의 약속을 지켰다.

그런데 2021년 7월 30일 윤석열 대통령이 국민의 힘에 전격적으로 입당함에 따라 설 자리가 없어져 낙동강 오리 알 신세가 되자 다시 윤사모 회장으로 복귀하고자 술수를 부렸다.

하지만 이것마저 여의치 않게 되자 자신을 추종하는 송인환, 이종찬, 김덕진을 데리고 윤사모를 뛰쳐나가서 짝퉁 윤사모를 만들었다.

첩이 첩 꼴을 못 본다고 기고만장으로 설쳐댔다.

자신들이 진짜고 필자가 운영하는 윤사모는 가짜라고 윤석열 대통령 측근 핵심 인사들을 찾아다니면서 손의 지문이 다 닳을 정도로 비굴하게 머리를 조아렸다.

이런 비인간적인 사람들은 윤핵관들에게 잘 보이는 일에만 몰두했다.

필자는 한 명이라도 더 윤사모에 가입시키고 전국적인 조직을 만들어서 윤석열 대통령을 만드는 일에만 올인했다.

필자는 윤석열 대통령 측근 핵심 인사들에게 일부러 찾아다니면서 필자가 윤사모 회장이라고 인사를 하거나 광을 판 일은 한 번도 없었다.

하지만 이들은 윤석열 대통령을 만드는 일보다 윤핵관들에게 잘 보이게 하는 일에만 목숨을 걸었다. 소위 일은 하지 않고 광만 팔러 다녔다.

윤석열 대통령 측근 인사들에게 필자는 얼굴을 한 번도 보여주지 않았기 때문에 짝퉁 윤사모가 진짜 윤사모라고 알고 오인하고 있었다.

사실 그들이 대선이 끝나는 날까지 윤석열 대통령을 위해서 무슨 일을 했는지, 한 일이 있으면 한번 내어 보라고 하면 누가 진짜고 가짜인지를 금방 알 수가 있을 것이다.

필자를 윤사모 제2대 회장에 추대한다고 발표도 하고 뉴시스에 윤사모 제2대 회장에 선임되었다고 보도까지 되었지만, 홍경표 전 회장과 그 일당들은 인정하지 않고 짝퉁 윤사모를 만들어 흔들기에 여념이 없었다. 정말로 윤 대통령을 위하는 일인지 모를 정도의 후안무치한 인간들은 꿈에 나타날까 봐 진절머리가 난다.

참으로 웃기는
짝퉁 윤사모 송인환의 진면목

송인환 씨는 2021년 8월 2일 총회 때 수석부회장의 임명장까지도 받고 필자와 고문들과 기념사진까지 찍었다. 그런데 회칙 개정에 불만을 품은 홍경표 전 회장을 따라 나가서 "짝퉁 윤사모" 회장 노릇을 했다.

이런 후안무치한 인간들이 공정·정의·상식·법과 원칙을 논할 자격이 있을까. 나쁜 놈 옆에 있으면 벼락을 맞는다고 필자와 윤사모 회원들은 벼락을 맞고 있다.

윤사모가 2개라는 소리를 들을 때마다 쥐구멍으로 숨고 싶었다. 낯을 들고 다니기가 참으로 부끄러웠다.

홍경표 초대회장은 회비를 투명하게 처리하지 않는다고 질타를 받았지만, 명예회장의 대접을 받으면서 조용히만 있었더라면 영웅 대접을 받을 수 있도록 만들어 주었을 것인데 너무나 안타깝기 그지없다.

윤사모를 뛰쳐나간 후 짝퉁 윤사모를 만들었던 이들은 요즘

자기들끼리 자중지란이 일어나 홍경표 전 회장은 팽 당하여 허접하게 지내고 있고 다른 인간들은 필자가 윤사모의 창립정신을 지키고 윤석열 대통령의 호위무사 역할을 꾸준히 해오자 이들은 윤사모란 이름을 사용하지 않고 국민통합실천연합이란 다른 단체를 만들어 도토리 키재기를 하고 있어서 연민의 정이 들기도 한다. 이들 중에는 선거 브로커라는 사람도 있다는 소문이 자자한데 이들과 결별한 일은 참으로 잘한 일이라 생각한다.

사실 이들의 도가 넘는 행위로 인해 정말로 순수하게 윤석열 대통령 당선을 위해 혼불을 지피고 있는데도 불구하고 짝퉁이 진짜고 필자가 이끄는 윤사모는 가짜고 아무 일도 하지 않는다고 음해를 너무나 하고 다녀서 인내의 한계를 느꼈다.

필자는 이자들을 이대로 방치하면 대선을 망치겠다 싶어 진검승부를 위해 "직무집행정지 가처분" 신청을 했다.

이들이 더 이상 윤사모란 이름을 사용하지 못하도록 강수를 두었다. 판결을 일주일 앞둔 시점에 유력인이 이것을 알고 이겨보아야 윤사모가 싸움질만 한다고 윤석열 대통령 선거에 치명상을 줄 수 있으므로 지는 것이 이기는 것이라고 간곡한 부탁을 거절할 수 없어 소송을 취하해준 일도 있었다.

윤대통령 첫 해외방문 때 대통령실 휘젓고 다닌 자들은 제명된 '짝퉁 윤사모 임원들'

기자명 **이창배 기자** 입력 2022.07.13 12:55

– 윤사모 중앙회 최성덕 회장, 짝퉁 윤사모 즉각 해체 촉구 성명서 발표

[시사매거진/광주전남] 윤석열을 사랑하는 모임(이하 윤사모) 중앙회 최성덕 회장이 윤대통령 해외순방기간 동안에 윤사모 이름으로 대통령실을 방문하여 물의를 일으킨 일명 '짝퉁 윤사모'에 대해 엄중 경고를 했다.

최성덕 회장은 13일 성명서를 통해 "7월11일자 '미디어 오늘'에서 보도된 「'윤사모' 대통령 팬클럽 회원도 드나드는 용산 대통령실」의 기사에서 언급된 송아무개씨 등 3인은 '짝퉁 윤사모'로 '진짜 윤사모'와 무관하다"는 입장을 밝혔다.

그러면서 윤사모에서 제명된 이들이 더이상 윤사모 팔이를 하지 말 것을 강력 경고하며 사과와 함께 짝퉁 윤사모의 해체를 촉구했다.

▲ 최성덕 회장이 "2021년 8월 2일 윤사모 총회와 임명식에서 짝퉁 윤사모 회장 팔이를 하고 있는 송인환 씨를 수석부회장으로 임명한 후 함께 찍은 기념사진 이다"고 제공 했다. (좌로부터 최도열 상임고문, 송아무개씨, 최성덕 회장, 김 용주 상임고문_사진=윤사모 제공)

▲ 2021년 8월 2일 팔공산에서 개최한 윤사모 중앙회의 중에 일어서서 회칙개 정에 반대하고 있는 홍경표씨 (사진=윤사모 제공)

다음은 성명서 전문이다.

성 명 서

- 윤대통령 나토 해외방문 때 대통령실 방문한 자들은 2021
  년 8월 5일 윤사모에서 제명된 '짝퉁 윤사모'

- 짝퉁 윤사모는 후원금 문제로 말썽을 일으키고 있는 마당
  에 근신하지 않고 윤대통령 해외순방 때 대통령실 방문이
  나 하면서 광이나 팔러 다니면서 물의나 일으키고 '진짜 윤
  사모'는 윤대통령 귀국 때 거리에서 환영행사.

- '짝퉁 윤사모'가 사용하고 있는 윤사모란 이름 때문에 도매
  금으로 욕을 얻어먹는 '진짜 윤사모'

　7월 11일자 '미디어 오늘'에 보도된 '윤석열 대통령 나
토 순방기간에 대통령실을 방문한 윤사모의 송 모회장
등 3인'은 우리 윤사모와는 무관한 '짝퉁 윤사모'가 한 짓
거리임을 밝혀둔다.

　이들은 회원회비, 후원금을 투명하게 공개하지 않았던
홍경표씨를 비호하고 불합리한 회칙 개정반대와 정의, 공
정, 상식과는 거리가 먼 망나니와 기생충들 같은 짓거리

를 서슴지 않고 있어 회의 기강을 바로 잡고자 2021.8.5 윤사모가 제명처리한 자들이다

제명된 사람은 홍경표 전 초대회장, 송인환 수석부회장, 이종찬 사무총장, 김덕진 문화예술위원장 등 이다.

이들을 제명한 이유는

첫째. 홍경표 초대회장이 회비와 후원금을 투명하게 밝히지 않는다고 언론 매체나 유튜브 등에서 연일 윤사모를 맹폭시키는데도 홍경표씨를 감싸돌고

둘째. 윤사모 회칙규정에 모든 회비 등은 홍경표씨 통장으로 들어가게 해 놓은 회칙을 개정하지 못하게 깽판을 치고

셋째. 11만원의 임원 회비를 부과하는 것을 개정 못하게 하고

넷째. 윤사모 회장을 퇴임하는 회장이 후임회장을 지명 임명하도록 된 규정을 개정하지 못하게 하고

다섯째. 퇴임한 회장이 상임수석고문이 되어 총회 소집

권과 지명한 회장이 상임수석고문의 마음에 들지 않으면 후임 회장을 마음대로 퇴임 시킬 수 있도록 된 회칙을 합리적으로 개정하려는 것을 개정하지 못하게 회의장을 아수라장으로 만든 책임을 물어 제명하였다.

이들의 몰염치한 행각에 대하여 2022.6 16(목) 대전에서 발행되는 모 투데이 3면에 대서특필 된 바 있다.

이들을 수하에 둔 홍경표씨는 퇴임 후 수렴청정을 할 수 있도록 해 놓은 이런 불공정한 회칙이 개정되도록 협조하고 회비 등은 투명하게 공개해야 하지 않겠는가?

그런데도 이들은 정의와 공정 상식을 외면했다.

윤사모에서 제명되자 이들은 2021년 8월 11일 사이비 짝퉁 윤사모를 만들어 꼴뚜기가 어물전을 망신시키듯이 윤사모를 망신시키고 있는 중이다.

참으로 웃기는 사실은 송인환씨는 2021년 8월 2일 윤사모 총회에서 윤사모 수석부회장 임명장까지 받고 기념사진까지도 찍었던 사람이다.

이래 놓고서도 윤사모 회장이라고 버젓이 낯 들고 다닌

다는 사실이다.

우리 윤사모는 짝퉁 윤사모들이 자신들이 진짜 윤사모라고 뻔뻔스럽게 윤대통령의 핵심 인사들을 찾아다니면서 광이나 팔고 다니고 자신들의 입신영달에만 안달하는 소인배들을 그냥 방치하면 윤석열 대통령 만드는 큰 방해꾼이 될 수밖에 없다는 판단을 했다.

이에 우리 윤사모에서는 이들을 그냥 방치할 수 없다고 판단하고 서울지방법원에 '직무집행정지 가처분'신청을 했다.

이렇게 하자 이들은 소 취하를 해달라고 애걸복걸했다.

가처분 결정이 얼마 남지 않은 시점에 많은 고심을 했다.

가처분이 결정되면 언론들이 싸움질을 했다고 대서특필하게 될 것이고 이렇게 되면 윤대통령에게 도움이 되겠는가를 깊이 고심했다.

그리고 한 표라도 아쉬울 때라서 적과도 동침을 해야 할 마당이라서 대승적인 차원에서 소 취하를 해 주었다.

이제 와서 생각하여 보면 그때 이런 자들이 윤사모란

이름을 다시는 사용하지 못하도록 못을 박아야 했는데 가처분 취하를 해준 것이 정말로 후회스럽기 그지없다.

2021년 7월 6일 뉴스원에서는 윤사모 중앙회 최성덕 회장이 제 2기 회장을 맡았다고 보도한바 있다.

우리 윤사모 2기부터는 회칙에 따라 운영되고 있으며 홍경표 초대회장이 회비 등 투명하게 공개하지 않아 욕먹는 일이 없도록 대선이 끝나는 날까지 회비를 회원들로부터 1원도 받지 않고 운영하여 왔음을 자신 있게 천명하는 바다.

우리가 윤사모를 창립한 것은 문정권의 실정으로 위기에 처한 나라를 구할 대통령을 만들기 위해서고 윤석열 대통령이 성공한 대통령으로 임기를 무사히 마칠 때까지 호위무사 역할을 하는 것이 우리 윤사모의 시대적 사명이기 때문에 윤대통령에게 어떠한 누가 되는 일을 하면 우리는 상대가 누구든 반드시 척결하는데 앞장 설 것이다.

이제 짝퉁 윤사모는 더 이상 윤사모 팔이를 하지 말 것을 강력히 경고한다.

특히 죽고 못 살든 이들은 또다시 쪼개져서 홍경표 씨는 셀프 윤사모 회장을 하고 있어 참으로 코메디 극을 연출하고 있어 참으로 가관이 아닐 수 없다.

집에서 새는 바가지는 들에 나가서도 샌다는 말은 이들을 두고 하는 말이 아닌 것 성싶다.

더 이상 추태를 부리지 말고 두 번 다시는 윤대통령을 욕보이는 짓거리를 하지 말 것을 엄중 경고하며 이유를 대지 말고 초심으로 돌아 올 것을 촉구한다.

우리의 진심어린 충고를 무시한다면 특단의 조치도 불사할 것을 천명하면서 다음의 사항을 이행하여 주기 바란다.

- 짝퉁 윤사모를 즉각 해체하고 민폐를 끼치지 않도록 하라.
- 회원들로 받은 회비와 후원금을 투명하게 공개하라.
- 짝퉁 윤사모의 이름으로 10만 윤사모 회원들의 명예를 훼손하는 일이 없게 하라.
- 윤대통령에게 짐이 되는 일을 삼가 하라.

- 지금까지 윤사모 팔이 한 잘못에 대국민 사과와 석고 대죄 하라.

2022년 7월 13일

윤사모중앙회 회장 최성덕 외 회원 일동

이창배 기자 ballhero@naver.com

새시대 새언론 시사매거진

윤사모 전국 조직화로
대선 올인

사실 필자가 윤사모 중앙회 회장을 맡기 전까지는 조직이 엉성했다. 전국적인 조직화는 되어 있지 않아 명성에 비하면 빛 좋은 개살구에 불과했다. 빈약하기 그지없었다. 내세울 것이란 SNS상의 회원 2만여 명이 전부였다.

2021년 8월 2일 윤사모 정기 총회 및 임원 임명식의 소란 속에서도 누구나 수긍할 수 있는 회칙 개정과 중앙조직, 전국 17개 시도지역의 회장 임명을 통해 비로소 윤사모는 어디에 내놓아도 손색이 없을 정도의 조직으로 거듭 태어났다.

필자와 박태권, 최도열 상임고문은 윤사모의 전국 조직화를 위해 전국 17개 시도를 순회하면서 창립대회를 개최하고 회원 확보에 주력했다.

이러한 각고의 노력 끝에 대통령 선거가 본격적으로 돌입할 시점에는 회원 수가 10만 명이나 되었다.

율곡 선생의 10만 양병설과 맞먹는 대군이었다.

그중에서도 대구 윤사모의 회원 수가 2만 명이나 되었는데 이런 회원들이 윤석열 대통령 당선의 바람을 일으키는 원동력이 되어서 윤석열 대통령 당선에 결정적인 역할을 했다고 자부하고 싶다.

박태권, 최도열 상임고문과 함께 전국 윤사모 창립대회와 나라 살리기 대회를 위해 밤낮으로 강행했다.

자그마치 전국 방방곡곡을 두 번이나 순회하는 대장정이었다.

이렇게까지 윤석열 대통령 당선을 위해 고생을 시켰으면서도 아직 아무런 보답을 하지 못하고 있어 고개를 들지 못하고 죄인으로 살아가고 있는 심정 누가 알까.

대선 선거운동에는 눈곱만큼도 기여하지 않은 사람들이 실세들의 비호로 좋은 자리를 꿰차는 일이 비일비재하여 윤사모 회원들의 사기를 떨어뜨리고 있어 실망을 금치 못하고 있는 실정이다.

후회는 없다.
이민을 가지 않아 다행

필자는 윤석열 대통령을 만들기 운동을 하면서 수많은 사람을 만났다. 좋은 사람들도 많았지만, 그중에는 인간쓰레기 같은 요물들도 만났다. 사심 없이 윤석열 대통령을 만들기 위해 일심동체가 된다면 얼마나 신날까.

인간 같잖은 인간들 때문에 받은 스트레스는 형언하기 어렵다.

2019년 초부터 나라의 주인공이 될 사람을 찾아 나섰는데 그동안 받은 상처와 스트레스는 필자도 모르게 탈모의 주범이 되어 다 빠지는 줄도 몰랐다.

조직을 이끌어 가는 데는 자금이 필수적이지만 홍경표 전 회장 때문에 더 어려움을 겪었다.

홍경표 회장은 수만 명의 회원으로부터 얼마나 받았고 어디에 사용했는지 그 내역을 공개하지 않는다고 언론이나 유튜브로부터 수많은 뭇매를 맞았다.

그래서 필자는 제2기 회장을 맡으면서 이런 구설수로부터 자유인이 되기 위해 대선이 끝나는 날까지 회원들로부터 단돈 1원도 받지 않았으며 후원금도 받은 일이 없다.

깨끗해야 할 윤사모가 회비나 후원금 때문에 신뢰를 잃어가고 있어 쌈짓돈까지 다 쓰고, 빚도 내고 심지어 카드론까지 내서 운영했다.

참으로 힘든 여정이었다. 그 후유증으로 지금은 돈이 없어 쩔쩔매고 있지만, 후회는 하지 않는다.

만약 윤석열 대통령을 당선시키지 못하면 이민을 가겠다고 배수진을 치고 대선에 임했기 때문에 이민 가지 않고 이 나라에서 이렇게 살고있는 것만도 다행으로 생각하고 있다. 죽기 아니면 까무러치기로 제 인생과 나라의 미래를 위해 최선을 다했기 때문에 후회는 없다.

큰 선거가 끝나면 돈 문제로 시끄러운데 필자는 이런 일에는 자유롭기 때문에 다행으로 생각하고 있다.

주마등처럼 과거를 회상하면 감회가 새롭다. 윤석열 대통령을 만들기 위해 검찰총장 시절부터 혼불을 지핀 필자의 인생에 있어 하나의 큰 족적이 된 것도 보람으로 생각한다.

윤석열 대통령이 녹슬지 않는 어퍼컷을 계속 날리면서 성공한 대통령으로 거듭 태어나 국민의 마음속에 영원히 지워지지 않는 비석을 세워 주기를 염원하는 마음 간절하다.

윤석열 대통령이 어려운 나라를 다시 세우는 "제2민족중흥"의 역사를 창조하기를 염원하고 임기를 마칠 때까지 호위무사 역할을 다할 생각이다.

윤석열 대통령에 대한
충성 맹세문

윤사모 우리의 맹세

윤사모는 윤석열 대통령을 위해 충성 맹세문을 만들어 회합이 있을 때마다 "윤사모 우리의 맹세"를 외치고 행사를 했다. 그만큼 정신무장을 하고 윤 대통령을 대통령으로 만들기 위해 우리 스스로 최면을 걸기로 했다.

윤사모 우리의 맹세는 다음과 같다.

『윤사모』

윤사모 우리의 맹세

하나. 우리 윤사모는
기쁠때나 슬플때나
윤석열과 언제나 함께한다.

하나. 우리 윤사모는
아무리 힘들고 어려워도
승리의 그날까지 윤석열과 끝까지
함께한다.

하나. 우리 윤사모는
공정한 대한민국 · 정의로운 대한민국 ·
상식이 통하는 대한민국을
윤석열과 함께 반드시 만들겠다고
맹세한다.

윤사모 중앙회 조직도

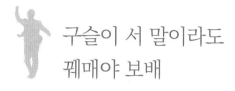

구슬이 서 말이라도 꿰매야 보배

앞에서도 언급하였듯이 윤사모는 필자가 회장을 맡기 전까지는 전국적인 조직체계를 갖추지 못했다.

시급한 것은 전국의 조직책을 만드는 것이 급선무였다. 이에 따라 2021. 8. 2 윤사모 정기 총회 및 전국 17개 시도 임명식 이후 각 지역회 회장들이 그 지역 특성에 맞는 조직을 만들도록 독려했다.

정말로 등골에 땀이 날 지경이었다. 박태권, 최도열 상임고문, 공영윤 사무총장, 안기한 언론 특보단장, 한재규 본부장, 이병규 단장 등은 정말로 고생했다.

한 달 반 만에 전국 조직을 완성했다. 그야말로 정신이 없었다.

길게는 3박 4일 하면서 각 지역회마다 순회하면 창립총회를 개최하고 임명장도 수여하여 책임감을 가지도록 했다.

제주도 지역회 박선호 회장은 각 지역별 창립대회를 어떻게 하는지 알아보기 위해 합류해서 3박 4일간 고생하기도 했다.

박 회장은 이렇게 힘들게 고생하고 있는 줄 꿈에도 몰랐다고 하면서 제주도 윤사모 조직도 탄탄하게 하겠다고 약속했다. 제주도 창립대회에는 필자와 공영윤 사무총장, 한재규 본부장, 이병규 단장이 참석했다.

제주도 창립대회에서는 가는 날이 장날이라고 태풍이 오고 있어 잘못하면 비행기를 타고 나올 수 없을 정도로 긴박했다.

만약 마지막 비행기라도 타고 나오지 못해 차질이 빚어지면 전국 창립대회 조정이 불가피하게 되고 계획했던 일들에도 많은 차질이 발생하게 되어 노심초사했다. 행사를 빨리 마무리하고 공항으로 왔다.

하늘이 도왔는지 필자 일행이 탄 비행기 뒤편부터는 결항이 되어 며칠간 발이 묶였지만, 다행히 추후 일정을 차질없이 소화하기도 했다. 이러한 징조에 앞날이 잘 풀릴 것이라고 확신도 하면서 위안을 삼기도 했다.

20일간 조화를 앞세운 김건희 여사에 대한 MBC 허위보도 항의시위

김건희 여사에 대한 MBC의 허위 기획 보도에 뿔이 난 윤사모는 상암동 MBC 본사 앞에서 20일간 항의시위를 했다.

정말로 공영방송을 포기한 허위보도에 분을 참을 수 없다. 이런 방송의 본래 사명을 도외시하고 윤석열 대통령 후보를 낙마시키기 위한 최악의 발악을 그냥 두고 볼 수가 없었다.

항의 공문을 보내고 공개 사과와 방송 중단을 요구했다.

하지만 MBC는 확대 재생산의 겁 없는 방송을 자행했다. 좌빨로 물든 MBC를 해체하지 않고는 공영방송이 될 수 없고, 방송사가 사회에 끼치는 영향을 최소화시키기 위하여 우리 윤사모는 결단을 하지 않을 수 없었다.

대선일이 막바지로 치닫고 있었기 때문에 MBC의 영향력을 최소화시키는 것이 윤 대통령 후보를 조금이라도 돕는 일이기 때문에 항의시위를 결행했다.

그냥 시위한 것이 아니라 MBC 사망, MBC 해체, MBC가 방송사인가, 좌빨의 앞잡이 MBC 등 조화 100점을 앞세우고 항의 시위에 들어갔다.

이렇게 MBC 본사 광장 앞 길거리에 조화를 세워 놓고 항의 시위를 하자 MBC의 노골적인 압력이 자행됐다.

조화를 앞세우고 항의시위를 들어갈 때 그 당시 MBC 출입 정보관에게 이 조화만큼은 우리가 시위를 종료할 때까지 존치 할 수 있도록 특별히 부탁했다.

그 정보관도 최대한 협조하겠다고 약속했다.

하지만 위세가 시퍼런 MBC의 압력에 의해 조화를 치워주기를 부탁했다.

필자는 엄중한 항의를 했다. 이것들은 시위의 소품인데 왜 조화를 치우라고 하느냐고 하면서 치우지 못하겠다고 버티기에 들어갔다.

만약 이 조화를 치우라고 두 번 다시 하면 이 조화 모두를 마포경찰서 앞으로

서 항의시위를 하겠다. 거기서도 치우라고 하면 서울경찰청으로, 다시 경찰청 앞으로 가져가서 경찰청을 상대로 시위하겠다고 맞불을 놓았다.

우리의 뜻이 완고 하자 정보관도 안절부절못했다. 분명 상부의 엄청난 압력에 그 정보관의 처지를 이해는 갔지만 철거하지 않고 계속 시위를 강행했다.

마포구청의 압력행사 및
보기에도 흉물스러운 조화들

이렇게 MBC가 경찰에 압력을 가해도 꿈쩍하지 않자 MBC는 이번에는 마포구청에 압력을 넣기 시작했다.

필자는 그 당시 전국을 순회하면서 대선 운동을 하느라고 그 자리를 매일 지킬 수 없었다.

박창배 사무총장과 길종성 자문 부위원장, 한재규 본부장, 정문섭 부회장 등이 대신 지켰다.

마포구청 관계자의 압력은 경찰들보다 더 노골적이었다.

도로에 쌓아두는 것은 도로법 위반이므로 즉시 조화를 치우지 않으면 벌금 등 행정 조치를 하겠다는 압력을 행사했다.

박창배 총장은 이러한 압력행사에 감당하지 못하자 필자에게 SOS를 쳤다.

단속 나온 담당자를 바꾸라고 해서 공갈 아닌 공갈을 쳤다.

조화도 항의시위 소품들인데 집시법을 위반하고 도로교통법을 위반한 것이 없지 않으냐고 항의를 하자 그 담당자는 더는 채근하지 않았다.

MBC는 압력이 먹히지 않자 또다시 실력행사에 들어갔다.

이번에는 실무과장이 현장에 행차(?)해서 위압을 가했다. 견딜 수 없는 압력에 박창배 총장은 더는 버틸 수 없으므로 조화를 치우자고 했다.

그래서 필자는 강공으로 응수했다. 담당과장에게 전화를 걸어 MBC의 압력은 이해하지만, 조화를 치울 수 없다고 말하면서 자꾸 이렇게 나오면 마포구청에 신고가서 마포구청장도 선거에 중립을 지키지 않는다고 마포구청에 가서 항의시위 할 테

보기에도 흉물스러운 조화들

니 그다음은 과장이 알아서 하라고 배수진을 쳤다.

이러한 강력한 항의에 겁을 집어먹은 마포구청 과장은 꼬리를 내리면서 MBC의 압력에 의해 이렇게 치우라고 했으므로 이젠 행정 조치를 하지 않겠다고 한발 물러섰다. 이렇게 해서 조화들은 장장 20일간이나 MBC 앞마당을 지켰다.

MBC 광장에서 시위하면서 수차례 MBC 사장과 보도국장 면담을 요청했다.

철옹성 같은 MBC는 우리의 요청을 매번 무시했다.

어쩔 수 없이 우리도 현수막들을 앞세우고 MBC 광장 앞에서 실력행사를 했다.

누구보다도 더 적극적인 분은 윤사모 최도열 상임고문이었다.

이런 실력행사가 있을 때마다 참여해 앞장서서 항의했다.

천군만마가 아닐 수 없었다.

최 상임고문은 30대 초에 김영삼 대통령으로부터 전국청년대표로 발탁되어 민주화 운동에 앞장서기도 했다.

고향이 성주인 최 고문은 정치적인 야심도 있고 해서 고향에서 두 번이나 국회의원에 출마했었다.

그 당시 가장 강적은 사조산업 주진호 후보였다. 돈의 물량 공세에 성주 군민은 백기를 드는 바람에 차석으로 고배를 두 번이나 마셨다.

이후 허주 김윤환 대표의 특보단장과 민국당의 사무총장도 역임했다.

평생을 민주화 운동과 불의를 보고는 참지 못하는 정의의 사도였기 때문에 MBC 항의시위에 많은 힘을 실어 주었다.

일반적으로 언론사를 상대로 항의시위를 하는 것에 대해서는 회피하는데 필자와 함께 주눅이 들지 않고 끝까지 시위를 해주신 점 감사를 드리고 싶다.

석동현 상임 특보 겸
윤사모 상임고문의 살신성인 정신

이러한 MBC와의 항의투쟁에 천군만마가 나타났다.

우리 윤사모의 상임고문을 맡았던 석동현 변호사가 현장에 와서 어깨띠를 둘러매고 항의 간판을 들고 함께 시위했다.

무엇보다 윤석열 후보가 대통령이 되면 큰 자리를 맡을 재원이 MBC에 잘못 보이면 불이익을 받을 수도 있음에도 아랑곳하지 않고 시위대열에 참여한 것을 보고 진정한 윤석열 후보의 친구라고 존경해 마지않았다.

20일간의 MBC 시위에 하루도 빠지지 않고 시위를 해준 박창배 총장은 사나이 중의 사나이로 높이 평가를 한다. 또한, 정문섭 윤사모 서울시 협의회 부회장과 한재규 본부장, 길종성 부위원장도 고생 많이 했는데 감사를 드리고 싶다.

MBC가 김건희 여사에 대한 흑색 보도를 더는 하지 않자 우리는 설을 앞두고 철수를 결정하고 장장 20일간의 MBC 시위를 마무리했다.

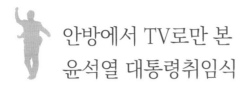

안방에서 TV로만 본
윤석열 대통령취임식

국민 누구나 대통령취임식에 초청받아 참석하는 것은 가장 영예롭게 생각하고 있다.

하지만 필자는 2022년 5월 10일 여의도 국회의사당 앞마당에서 열린 윤석열 대통령의 취임식에 가서 축하하지 못했다.

제20대 대통령취임식의 참석자가 41,000명 규모로 대단했다.

국민과의 소통을 강조하는 의미에서 윤 대통령은 역대 대통령취임식 최초로 돌출 무대에서 취임선서와 취임사를 했다.

군악대 행진, 21발의 예포 발사, 윤 대통령의 취임사 등의 취임행사를 취임식장에 가지 못하고 안방에서 보는 심정은 참으로 착잡했다.

필자가 취임식에 가지 못한 이유는 간단하다. 윤 대통령을 당선시키고 나면 전국 윤사모 회원들에게는 다른 것은 해 줄 것이 없다.

다만 취임식 날 17개 시도에 버스 한두 대 정도 갈 수 있도록 하겠다고 큰소리치면서 약속했지만, 이 약속을 지키지 못해 필자 대신 윤사모 회원 한명이라도 더 참석할 수 있도록 하기 위해서 참석하지 않았다.

정말로 취임식 티켓확보는 하늘의 별 따기와 같이 어려웠다.

모 실세에게 부탁했지만 겨우 10장밖에 얻지 못했다.

이 사정을 윤 대통령을 대통령으로 만들기 위해 검찰총장 시절부터 이심전심 동고동락을 했던 윤 대통령의 절친인 박성곤 회장에게도 부탁했다.

하지만 윤 대통령에게 누가 될까 봐 나서지 않는 것을 미덕으로 삼고 있는 박 회장에게 부담을 줄까 봐 더는 떼를 쓸 수도 없었다.

박 회장은 윤 대통령으로 초청장을 몇 개 받았는데 이것을 한 장 주겠다고 했다.

그 초청장은 VIP들만 앉는 상석이었다.

만약 필자가 이런 상석에 앉아있는 것을 윤사모 회원들이 보면 혼자 챙겨 먹는다고 욕을 할 것이 뻔해 정중히 사양했다. 전국의 수많은 회원에게 실망을 줄 수 없는 처지다. 또다시 백방으로 뛰었다. 겨우 150장을 확보할 수 있었다.

이것을 가지고 전국 17개 시도 회원들에게 나누어 주면서 말에 대한 책임을 지지 못함을 거듭 사과했다.

집에서 취임식을 보면서 취임식장에 가지 못한 윤사모 회원들이 필자를 얼마나 욕할까 싶어 등골에 땀이 났다.

전국의 회원들에게 말에 대한 책임을 다하지 못함을 다시 한번 사과드린다.

상서로운 무지개가
의미하는 뜻

필자는 죄인의 심정으로 TV를 보면서 취임식장을 보고 있었
는데 사람들이 많이 일어서서 하늘을 보면서 웅성거리는 것을
보게 되었다.

취임식에 참석한 회원에게 왜 일어나서 하늘을 보느냐고 물
어보았더니 취임식장 하늘 위에 상서로운 무지개가 떠서 보고

있다고 했다.

이날 취임식에는 구름 한 점 없는 쾌청한 맑은 날씨였다. 그런데 무지개라니 정말로 신기하지 않을 수 없었다.

어떻게 맑은 하늘에 무지개가 뜰까. 하늘은 신기한 이적을 보이면서 훌륭한 대통령이 될 것이라고 암시하고 있었다.

역시 윤 대통령은 이 땅에 오실 때 역사적 사명을 갖고 태어났고 하늘은 그 이적을 보이는 것이라는 확신이 들었다.

직접 취임식장에 가지 못한 아쉬움은 다 사라지고 가슴속에 벅차오르는 환희는 무엇이라 표현할 수 없었다.

하늘이시여 우리 윤 대통령이 역사에 남는 성공한 대통령이 될 수 있도록 굽이 보살펴 주시라고 빌고 또 빌었다.

취임식 때만 무지개가 뜬 것이 아니라 윤 대통령이 처음으로 5.18 묘역을 참배할 때 엄청난 크기의 무지개가 떴고 취임 1주년에도 용산 대통령실 위에 큰 햇무리가 열린 이적도 있었다.

지금은 윤 대통령에 대한 부정적으로 생각하는 사람들이 많지만, 역대 어느 대통령보다도 1호 영업사원 역할은 역사에 남을 것이며 국내 정치, 경제도 결코 실망시키지 않는 대통령으로 자리매김할 것이라 확신한다. 그 이유는 하늘이 보내신 분이기 때문이다.

칼럼 기재했다고 지방신문에 재갈 물린 언론중재위

필자는 대구에서 일간지 신문 사장을 다년간 하면서 친분을 쌓아온 경북신문 박준현 사장에게 윤 대통령에 대한 칼럼 기재를 부탁했다.

그 당시 "윤석열, 인천상륙작전 2"란 칼럼 기재를 여러 언론사가 난색을 보였다. 2021년 8월 21일 칼럼 내용은 대충 이렇다.

윤석열 대통령 예비후보가 큰 사고(?)를 쳤다. 국민의 힘에 아무런 조건 없이 전격 입당하자 모두 들 허를 찔렸다고 호떡집에 불난 것처럼 야단법석이다.

야당은 야당대로 여당은 여당대로 충격의 몸살을 앓고 있다.

특히 여당의 충격은 도를 넘고 있다. "개인의 사익만 추구하는 정치, 정치 거지꼴을 못할 것이다" "독재자 후예의 품에 안겼다"라고 독설을 퍼붓고 있다. 윤 후보의 국민의 힘 입당은 성공확률 5000분의 1이라는 "인천상륙작전"을 성공시킨 맥아더 원수를 연상하게 한다.

지금 윤석열 후보의 인천상륙작전 2 성공에 문 정권과 여당이 당황하고 있는 모습은 맥아더 원수의 인천상륙작전 성공에 혼쭐을 놓고 우왕좌왕하는 김일성의 모습을 보는 것 같다.

사실 좌파 측에서는 맥아더 원수를 욕하지만, 그가 없었더라면 지금의 우리가 있을까. 한 지도자의 결단이 역사를 바꾼다는 것은 역사적 사실들이 웅변으로 증명하고 있지 않은가.

앞이 보이지 않는 망국의 지름길 앞에 불세출의 윤석열이란 큰 바위 얼굴과 같은 영웅이 나타나서 한국 정치의 역사를 새롭게 쓸 정치판 인천 상륙, 그의 결행은 정말로 통쾌하다. 이는 국운이 아직도 국민의 편이라는 것을 입증하는 것이다.

혹자들은 중도 보수들의 지지는 물 건너가서 차기 대선은 실패한다고 낙담하는 이들도 많지만, 필자는 그렇게 보지 않는다.

"중략"

윤 후보는 국민의 마지막 선택지다. 윤 후보를 흔들지 마라. 흔드는 만큼 나라가 흔들린다. 문 정권에서는 이만한 인물을 배출하였으면 감동하고 밀어주어야지 왜 못살게 구는가.

한 인물이 탄생하는 것은 국민의 절대적 지지가 없으면 불가능한 일이다. 국민이 윤석열 대통령을 만들고 있음을 직시해야 한다.

"아빠 힘내세요, 우리가 있잖아요"라는 노래와 같이 윤 후보 곁에는 엄청나게 지지하는 국민이 지키고 있다.

또한, 시즌2를 준비하고 있는 윤사모(윤석열을 사랑하는 모임)가 있기 때문에 이제 윤 후보는 혼자가 아니다.

국민 모두는 윤 후보야말로 국민이 원해서 나온 인물임을 주목하고 힘을 실어 주자.

한국정치역사를 새롭게 쓰고 나라를 구할 인천상륙작전 2는 역사적 대사건이다.

이는 국운이 아직도 국민 편에 남아 있다는 것을 알리는 전령사이므로 희망의 끈을 놓지 말자는 칼럼이었다.

빈약하기 그지없는 지방의 언론사는 바람 앞에 등과 같다.

마음먹고 언론중재위에서 칼을 휘두르면 꼼짝달싹할 수 없다.

특히 광고주에게 압력을 행사하면 폐업을 해야 할 일도 생긴다.

속된 말로 하면 염라대왕과 같다.

필자가 쓴 칼럼에 무엇이 문제가 있다고 이렇게 경북신문 사장에게 압력을 넣었는지 지금도 이해가 가지 않는다.

이 칼럼대로 윤석열 후보는 대통령이 되었지 않았는가.

속된말로 벼룩의 간을 빼먹지 숨만 붙어 겨우 부지하고 있는 지방신문지에 재갈을 물린 것은 지금도 괘씸하게 생각한다.

필자 때문에 재발 방지 각서를 쓰는 등 곤욕을 치른 박준현 사장에게 거듭 고개 숙여 감사를 드린다. 정론 직필의 정론지 경북신문의 무궁한 발전을 기원한다.

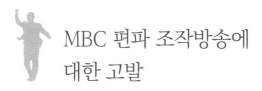

MBC 편파 조작방송에 대한 고발

　윤 대통령이 해외 순방 중 발언의 영상 "자막 논란과 관련 필자는 2022.9.27. 최도열 상임고문과 이정우 부회장 등과 함께 박홍근 민주당 원내대표, 박성제 MBC 사장, 보도국장, 디지털 뉴스국장, 기자 등을 정보통신 법상의 명예훼손죄로 서울중앙 지방검찰 고발의 취지는 윤 대통령이 "이××"나 "바이든"이는 말을 한 일이 없는데도 자체적으로 자막을 달아서 내보낸 것은 명백한 명예훼손이고 국익에 대해 심각한 피해를 준 점이라는 것이었다.

　필자는 미국 방문 중에 발생한 MBC 기자의 녹취조작사건에 대해 소리의 대가인 숭실대학교 배명진 교수가 소리 과학적인 측면에서 볼 때 MBC 보도는 허위날조라는 견해를 듣고 고발을 결정했다.

　배 교수는 기자들이 어떤 인터뷰를 정식 취재할 때 핀 마이크를 20㎝ 아래 착용해서 깨끗하게 잘 수음된 것을 보도해야 하는데 그렇게 하지 않았다고 했다.

MBC 영상편집기에는 최첨단 잡음처리 기술이 존재하는데도 그것을 사용하지 않았다는 것은 그들이 시도를 해봤었지만, 효과가 없었다는 뜻이라고 밝히면서 현존하는 세계 최고의 AI 음성인식기로도 대통령의 비속어를 인식하지 못했다고 했다.

다시 말하면 윤 대통령은 비속어를 말하지 않았고, MBC는 영상편집기에 나타난 이러한 사실을 숨긴 것이라고 했다.

배 교수는 세계적인 구글 AI 음성인식기, 삼성 AI 음성인식기, SK-내비게이션용 음성인식기, 유튜브 영상자막용 소리 인식기 등을 사용하여 음성 인식을 받아쓰기해보았으나 "-쪽팔려-" 정도만 나오고 있으며, "-이××-"나 "-바이든-"은 전혀 나오지 않는다고 밝혔다.

이러한 인식 전문가의 견해에 따라 필자는 MBC가 촬영윤리를 위배하면서까지 국익을 훼손하고 엉터리 보도로 국론분열을 일으키면서 계속 여론몰이식 자막조작을 비과학적인 "언론탄압 프레임"을 주장하고 있기에 이런 언론의 사명을 망각한 MBC는 퇴출당하여야 한다고 생각하고 고발을 하게 되었다.

그리고 민주당 박홍근 원내대표는 엠바고 해지도 하기 전에 어느 방송사에서 윤 대통령의 발언을 직접 확인하고 검증했다고 발언한 것은 정언유착이 아닐 수 없었다.

이에 대해 문책하기 위해 박홍근 원내대표도 함께 고발했다.

국민의 힘에서는 필자가 고발한 날짜보다 이틀 뒤인 2022. 9.29.일 이들에 대해 고발을 접수하기도 했다.

좌파의 대변인 역할과 나팔수 역할을 하는 MBC를 그냥 내버려 두면 그 해악은 이루 말할 수 없으므로 어떤 특단의 조치가 요구되고 있는데 필자는 MBC 방송과 아예 담을 쌓아 놓고 살고 있다.

정말로 꿈에도 보일까 봐 겁을 내고 있다.

이재명 대표의 "화천대유"
로또 사기극 특검·국정조사 하라

필자는 2021. 9. 28 전대미문의 사건인 "화천대유"를 특검·국정조사를 하라고 성명을 발표하고 대검찰청 앞에서 1인 시위를 했다.

또한, 독립운동의 성지 안동에서 전국 최초로 이재명 규탄 시위도 개최했다. 이때 최대 덕담은 "화천대유 하십시오"라고 했다.

덕담치고는 아주 재미있는 덕담이 아닐 수 없었다.

화천대유는 이재명 대표가 성남시장 시절 추진한 '대장동 개발사업"에서 화천대유 자산관리와 소수 민간 투자자들이 수천억 원의 개발 이익금을 배당받은 것에 대한 특혜의혹이다.

이러한 의혹에 대하여 한 점 의혹도 없도록 특검과 국정조사를 하라고 촉구하고 시위도 했다.

성명서 전문은 다음과 같다.

성 명 서
이재명 지사의 '화천대유' 특검·국정조사 하라!

더불어민주당 대선 경선 주자인 이재명 지사가 추진한 '대장동 개발 의혹'이 갈수록 점입가경이다.

오죽했으면 소셜미디어(눈)에서 올 한가위 최대 덕담이라며 "화천대유하십시오"라는 말이 엄청난 돈방석 위에 앉으라는 뜻이 널리 회자할 정도로 사태가 들처럼 번졌

겠는가.

그러나 당사자인 이재명 후보 측은 "수사결과에 따라 문제를 제기한 모든 주체에게 책임을 물을 것"이라며 으박지르고 급기야 고발까지 했다.

심지어 시민단체가 지난 24일 국민의 힘 전 대선 경선 후보, 김기현 원내대표, 윤창현 의원, 곽상도 의원, 홍준표와 윤석열 대선 예비후보 등 이재명 민주당 경선 후보의 성남시장 재직 시 대장동 의혹을 제기해 확산시킨 책임을 물어 구로경찰서에 고발장을 접수했다.

참으로 어이없고 한심한 일이다. 광란의 투기판을 깔아준 이재명 지사, 이재명 지사와 지인인 화천대유의 대주주, 이재명 지사의 선거법 위반 사건에 얼토당토않은 이유로 무죄판결을 내린 대법관, 이 모두는 내부자들이었고, 내부자들이 스크럼을 짜서 일반 선량한 국민은 언감생심 꿈도 못 꾸는 미친 수익률을 만들어 냈다.

    그렇다면 '화천대유' 논란은 무엇인가? 이 지사가 성남 시장 시절 추진한 '대장동 개발사업(성남판교대장 도시 개발사업)에서 '화천대유' 자산관리와 소수 민간 투자자 들이 수천억원의 개발 이익금을 배당받은 것에 대한 특혜 의혹이다.

    민간 사업자 선정 과정의 논란, 지분 50%를 보유한 성 남 도시개발공사가 최근 3년 동안 받은 수입 배당금은 1천830억 원인데, 지분 1%를 보유한 '화천대유'는 577억 원, 지분 6%를 보유한 SK증권이 3천463억 원을 배당받 은 사업 구조로 이 지사가 5503억 원을 시민 이익으로 환수했다고 말했지만, 민심은 '화천대유'라는 신생업체와 극소수 관계자들에게 4000억 원 규모의 일확천금을 안 겨줬다.

    이를 뒷받침이라도 하듯 최근 데일리안의 '대장동 개 발사업 의혹' 여론조사에서도 응답자의 51.9%는 '특혜가 의심된다'고 답했고 '모범적 공익사업'이라는 비율은

24.1%에 그쳤다.

지금 정치권은 야권은 물론이고 여권 내부에서도 "정치가 아니라 수사가 필요하다"라는 주장이 나오고 있다.

국민의 힘 김기현 원내대표는 지난 22일 오후 3시 긴급 기자간담회를 열고 "기존의 '이재명 대장동 진상규명 TF'를 '이재명 판교 대장동 게이트 진상조사 특별위원회'로 전환했다"라며 "특검, 국조 요구서 제출을 시작해서 이 게이트 관련자들을 고발토록 할 것"이라고 강조했다.

이 지사는 경기도 성남시 대장지구 특혜의혹과 관련해 "1원이라도 이득을 봤다면 후보와 공직자에서 사퇴하겠다." "마타도어" " 국민의 힘 게이트"라거나 이낙연 후보를 탓하는 말로 맞서며 자신이 어떤 삶을 어떻게 살아왔는지, 국민과 함께 어떤 일을 해냈는지 살펴봐 달라고 일갈했다.

그러면서 "수사는 응하되 특검과 국정조사는 받아들일 수 없다"라고 밝혔는데 사실관계를 선명하게 밝히는데 본인이 앞장서야 한다. '국민의 힘 게이트'라고 주장하면서 특검과 국정조사에 반대하는 것은 의혹만 키울 뿐이다.

지금 상황은 이 지사가 옴짝달싹 못 할 '외통수'에 걸려 있다.

이 지사의 '화천대유' 의혹은 "내가 어떤 삶을 살아왔는지 봐 달라"는 정치적 수사로 무마할 일은 절대 아니다. 철저한 수사로 시시비비를 가려야만 한다.

'대장동 개발사업 의혹'이 "문재인 정부의 최대 비리 사건"이라는 오명을 쓰지 않으려면 특검이든 국정조사건 가릴 이유가 없다.

윤사모 중앙회는 "이 지사의 '화천대유'에 대해 특검과 국정조사가 있다면 추가로 더 밝혀질 것"이라며 "특검·국정조사 하라!"고 촉구한다.

대장동의 개발 이익 수천억은 누가 가져갔나. 이들과 이재명 후보와는 도대체 어떤 관계인가를 당당하게 밝혀라. 대장동 게이트 화천대유는 누구 겁니까?

국민은 알고 있다. 문 정권은 특검하라! '화천대유' 거대한 로또 사기극 진실을 밝혀라! 화천대유 특검하라!

2021. 09. 28

정권교체를 열망하는 윤사모(윤석열을 사랑하는 모임)중앙회장 최성덕

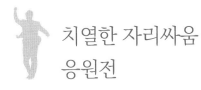

치열한 자리싸움
응원전

초등학교 운동회 때 청백 간의 응원전은 지금도 아릿하다.

정말 신나는 응원전의 실력이 대통령 선거 유세에도 큰 도움
이 되었다. 유리한 길목을 잡기 위해 야당과의 자리싸움과 신경
전은 정말로 치열했다. 수적 우세를 점하기 위한 경쟁력은 몸싸
움까지 간 적도 한두 번이 아니었다.

윤 대통령의 유세현장에 지원군이 적을까 봐 노파심에 몸살
을 앓기도 했다.

우리 윤사모는 윤 대통령의 유세현장이나 방송토론회 때마다
인원 동원령을 내려 응원전을 펼쳤다.

참으로 의미심장한 것은 어느 여성 팬이 강아지에 개만도 못
한 이란 글씨를 쓴 옷을 입혀 응원하러 온 곳을 보고 윤석열 대
통령이 당선된다는 확신을 더욱 가지게 되었다.

　홍준표 시장과의 방송토론회는 물론 후보 확정 후 여·야 양쪽 지지자들의 응원을 압도한 것은 단연 대북이었다.

　필자와 함께 윤사모 활동을 하면서 '다 함께 자유당' 당무 원장을 했던 장철호 단장이 이끄는 응원전이었다.

　천지를 진동하는 북소리는 윤석열 대통령 지지자들에게 큰 사기진작을 시키는 역할을 톡톡히 했다.

　반면 이재명 후보를 지지하는 응원단에는 쥐약 취급을 받았다. 전쟁을 치를 때도 북소리가 사기진작하듯이 지난 대선 때 참으로 대북이 한 역할이 지금도 회자하고 있을 만큼 인상적인 응원전에 한몫했다.

이 북을 잘 보관하면 국보급으로 지정될 수 있지 않을까 싶다.

그 이름도 "윤석열 대통령 대북"이란 이름으로 역사의 한 페이지를 장식하리라고 본다.

나라 살리기 운동과
1000만 명 서명운동 전개

2021년 12월 7일 대구 국채보상공원에서 윤사모 회원 500여 명이 모여 나라 살리기 결의대회 겸 1000만 명 서명운동을 전개했다.

본격 대선에 돌입하여 선거법상 윤사모란 이름을 사용하지 못한다는 선관위의 유권해석에 따라 할 수 없이 "나라 살리기 운동본부"라는 이름으로 선거 운동을 하게 되었다.

이때도 코로나가 심각하여 야외에서도 300명 이상 모이지 못하게 했다.

하지만 윤사모 회원들이 500명 이상 모여 성황리에 나라 살리기 결의대회를 마칠 수 있었다.

전국에서도 제일 먼저 국채보상공원에서 개최하게 된 곳은 서상돈 선생의 구국일념 정신을 본받기 위해서였다.

서상돈 선생은 일제로부터 진 부채를 갚기 위해 금 모으기 운동을 전개한 애국정신을 기리고 나라를 구하기 위해서 서상돈 선생과 같은 정신으로 위기에 처한 나라를 구할 윤석열 대통령을 당선시키겠다는 의지의 표현으로 국채보상공원에서 출발했다.

이후 경북 구미, 경남, 경기, 영주, 안동, 광주, 전남 등등, 전국을 돌면서 나라 살리기 결의대회를 개최했다. 정말로 회원들의 열기는 대단했다.

현재 평통 자문회의 석동현 사무처장은 윤사모가 선거운동을 하는 데 와보면 윤석열 대통령이 당선될 수 있다는 확신이 들지만 다른 곳을 가보면 이런 열기가 없어 불안하다고 했다.

나라 바로 세우기 국민운동 선언문

존경하는 국민 여러분!

작금의 현실은 코로나와 생활 물가 상승세가 무섭습니다. 장바구니 물가는 10년 만에 최고 폭으로 급등하면서 '오르지 않는 건 월급뿐'이라는 말이 절로 나오고 있다.

특히 문재인 정권의 잘못된 판단과 무능과 대장동 화천대유에서 보듯 천문학적 부패가 만연하고, 인류의 보편

적 가치인 자유, 민주, 시장경제가 무너지고, 2천조가 넘는 국가채무는 '미래 약탈'이다

국가의 부채증가율 1위로 나라 망가지는 소리가 진동하는 등 국민의 삶에 큰 고통을 주고 있지만, 그 누구도 책임지지 않는 내로남불 정권임을 이제야 절감하고 있다.

문재인 대통령은 2017년 5월 10일 취임식에서 30가지 공약을 발표했다. 그 중 '기회는 평등하고, 과정은 공정하며, 결과는 정의로울 것이다'라고 했다

하지만, 평등, 공정, 정의는 다 사라졌다. 부패와 무능·무책임으로 무너지는 문재인 정권의 자화상을 열거해보면

- 인사청문회가 필요 없는 듯한 부적격자 무더기 정권
- 좌우진영, 지역과 국민 편 가르기 내로남불 정책과 국민을 속이는 정책
- 막무가내식 소득주도 성장과 거짓말로 시작된 문지마 탈원전 정책,
- 대책 없는 부동산 정책, 청년 일자리정책, 치산치수 정책 실패,

- 주적 없이 북한만 쳐다보는 대북, 안보 실패정책, 코로나 방역 대책
- 빚 얻어 국민 속이는 이벤트 정책과 민노총과 전교조 연합정권 등

국정의 전 분야가 퇴보하고 있으며, 공정과 상식도 조국 사태에서 보았듯이 다 무너졌다.

취임식 때 30가지 공약 중 "한 번도 경험해 보지 못한 세상" 등 거짓말은 다 열거하기가 어렵다.

동방의 햇불, 동방예의지국 대한민국의 문 대통령을 세계는 김정은 대변인, 북한의 삶은 소 대가리 소리을 듣는 등 품격과 국격이 참담하기 짝이 없다.

이런 나약하고 무능한 문정권에 우리 국민들의 생명과 재산을 맡길 수 있겠는가.

우리는 앞이 보이지 않는 이 정권에 우리의 운명을 맡길 수 없다는 우려와 함께 무너지는 대한민국을 그냥 바라만 볼 수 없어 "나라를 바로 세우는 범국민적인 운동"의 출발을 선언한다.

또한, 무능과 부패한 내로남불 거짓말 문재인 정권의 독선과 독주, 무책임으로부터 나라가 망가지는 것을 바로 세우는 대장정의 시작을 선언한다.

존경하는 국민 여러분!

이번 대선은 나라의 존망이 걸린 절체절명의 선거요, 상식의 후보와 비상식의 후보와의 싸움이다. 우리는 대의 앞에 분열할 자유도 없다.

국민의 뜨거운 열망에 부응하지 못한다면 우리 모두는 국민과 역사 앞에 씻을 수 없는 죄를 짓는 것이다.

우리는 자유대한민국의 새로운 리더십을 강력히 원하고 있다.

공정과 상식, 정의의 바탕 위에 헌법 제1조 "국민이 주인이 되는 역동적인 나라"

공정한 새로운 대한민국 ·정의로운 새로운 대한민국을 만드는 대장정의 출발을 오늘 애국시민들께 공식 선언한다.

우리 나라지킴이들은 대한민국을 세계가 부러워하는

"기회가 평등한 나라! 과정이 공정한 나라! 결과가 정의로운 나라!"로 이끌 수 있는 새로운 지도자는 확실한 역사적 소명의식을 갖고 오로지 국민만 바라보고 나아가는 사람뿐이라는 것을 단언한다

그런 지도자만이 헌법과 법치를 수호함으로써 정상적인 대한민국을 만들 수 있다고 다시금 확신한다.

분열과 분노의 정치, 부패와 약탈의 정치, '약탈의 대한민국'을 '새로운 공정의 대한민국'으로 바로 세우는데 손에 손잡고 다 함께 동참할 것을 다시금 선언한다.

2021년 12월 7일

나라 바로세우기 국민운동본부 상임대표 최성덕 외
나라지킴이 민주 시민 일동

결 의 문

작금의 시대는 일제가 대한제국을 침탈할 때 서상돈 선생의 국채보상운동과 이승만 대통령을 하야시킨 4·19 혁명의 단초를 제공한 2.28 대구학생의거를 한 시대 상황과 다른 바 없어 우리 윤사모는 심히 나라 걱정을 하지 않을 수 없다.

문재인 대통령이 기호를 균등하고 과정은 평등하고 결과는 정의로운 나라를 만들겠다는 취임 일성에 큰 기대를 했던 것은 사실이다.

하지만 기대가 크면 실망이 크다고 지금 이 나라 꼴은 어떤가?

문 정권의 독선과 무능 불공정 편 가르기 내로남불 중산층의 파괴 등으로 인해 전 국민은 이구동성으로 이 나라를 이대로 방치하면 망국의 길로 치달을 것이라는 국민의 한숨 소리가 삼천리 방방곡곡을 메아리치고 있다.

라임 옵티머스 금융사건, 청와대 울산시장개입 선거 의

혹 사건, 위안부 할머니들의 등에 빨대를 꽂아 고혈을 빨아먹은 윤미향 사건이 터져도 문 정권은 유야무야하고 멀쩡한 원전을 조기 폐쇄하면서도 북한에는 원전을 건설해 주겠다고 하는 문 정권, LH 부동산 투기 사건 단군 이래 최대 비리 사건인 대장동 화천대유 사건 등.

갈 곳이 없어 고개를 푹 숙이고 거리를 방황하면서 미래를 기약할 수 없는 실의에 빠진 청년실업자들, 집값 폭등으로 주택마련은 다음 생에서나 기약해야 하는 서민들의 한숨 소리가 난무하고 국가부채가 2000조인데도 나라 곡간은 안중에도 없고 표나 구걸하기 위해 공적자금 살포로 전 국민을 금붕어로 만들어 주물럭거리는 이 나라가 과연 나라인가.

삶은 소대가리 소리를 들어도 말 한마디 못하는 나약하고 무능한 문 정부를 그냥 두고만 보는 것은 국민이기를 포기하는 것이 아니겠는가.

따라서 풍전등화와 같은 이 나라를 구하기 위하여 우리는 분연히 떨쳐 일어나 어떠한 희생을 치르더라도 이 나라를 나라다운 나라로 만드는 것이 우리의 의무이며 시대정신이고 사명감이라 생각하면서 나라를 구하기 위하여 다음과 같이 굳게 결의한다.

하나 · 우리는 일제가 침탈할 때 국채보상운동으로 나라를 구하는데 앞장선 서상돈 선생의 구국정신을 길이 계승할 것을 굳게 결의한다.

하나 · 우리는 4·19혁명의 단초를 제공한 이승만 정부의 독재와 부정선거에 항거한 2.28 대구학생의거 정신을 이어받아 나라를 구하는 데 앞장설 것을 굳게 결의한다.

하나 · 우리는 기회는 평등하고 과정은 공정하고 상식이 통하는 나라다운 나라를 만드는데 솔선수범할 것을 굳게 결의한다.

하나 · 우리는 국민이 정치를 걱정하는 나라는 나라가 아니므로 문 정권의 실정에 대하여 단호한 책임을 물을 것이며 국민의 짐이 되고 정치판을 갈아엎고 새로운 정치가 이 땅에 착근되게 만들 것 굳게 결의한다.

하나 · 우리는 무너진 중산층을 복원하고 청년들에게 일자리를 만들어주고 국민의 이마에 깊게 패인 주름살을

펴 드리고 활짝 웃는 그 날을 맞이할 때까지 굳게 뭉치이 나라를 구하는 데 앞장설 것을 굳게 결의한다.

석동현 사무처장은 우리 윤사모가 행사하는 곳에는 특별한 일이 없으면 참석하여 회원들을 격려하고 힘을 실어 준 것에 대해 감사한 마음을 잊을 수 없다.

석동현 사무처장은 대선 당시 홍길동의 분신이 아닐까 싶을 정도로 동에 번쩍 서에 번쩍하면서 전국을 순회하면서 선거운동을 하는 것을 보면서 윤 대통령의 진정한 친구의 모습을 엿볼 수 있었다.

그 당시 윤 대통령을 위해 선거운동을 한 국회의원들은 극소수에 불과했다. 홍준표 시장과 윤 대통령이 누가 이기는지 눈치 싸움만 하고 양다리 걸치고 정중동이었다.

윤 대통령이 후보로 확정되자 서로 눈도장을 찍으려고 야단법석을 떠는 모습을 볼 때 눈에 쥐가 날 지경이었다.

이들이 진심으로 윤석열 대통령을 도왔다면 0.73% 차로밖에 이기지 못했을까 하는 생각이다.

지금도 마찬가지다. 윤 대통령의 치적에 대하여 당원들과 국민에게 홍보하고 있는 국회의원들은 열 손가락에 꼽을 정도다.

전부 다 자기 선거에 올인하고 있는데 윤 대통령의 지지율이 올라가지 못하는 것은 당연지사다.

2024년 국회의원 선거에서는 기회주의자들과 무능한 국회의원들의 공천은 대대적으로 배제하는 것이 윤 대통령의 국정 수행에 윤활유 역할을 할 것이라 사료된다. 나라 살리기 천만 명 서명운동에도 많은 시민이 동참했다.

대구 윤사모 이원섭 부회장은 하루에 460명이나 받아 윤사모 회원들의 박수갈채를 받았다.

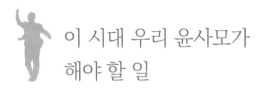

이 시대 우리 윤사모가 해야 할 일

선거 막바지에 돌입하면서 필자는 윤사모 회원들에게 이렇게 호소하면서 독려했다.

윤사모 가족 여러분 안녕하십니까?

코로나 시대 건강에 유의하시기 바랍니다.

이제 대선이 목전에 다가왔습니다.

우리 윤사모가 할 일들이 너무 많아지고 있지만, 이것들을 거뜬히 헤쳐나갈 것이라 굳게 믿고 있습니다.

우리 윤사모는 지금까지 아리랑 고개를 넘어오면서 많은 시련을 겪었습니다.

어려운 환경 속에서도 윤사모의 존재 이유를 각인시키면서 여기까지 거침없이 달려왔습니다.

이것은 시대적 사명감을 불태워 온 윤사모 가족분들의 헌신 덕분이라 사료됩니다.

우리 윤사모는 이제 얼마 남지 않은 3월 9일 정권교체의 날을 향해 나아가면서 장애물들을 치우는 청소부 역할을 마다하지 않고 있습니다.

이렇게 헌신적으로 앞장서면서 걸림돌들을 제거하자. 별로 관심을 주지 않았든 높은 곳에서도 우리 윤사모를 주목하고 있습니다.

또한, 일반 국민까지 우리 윤사모가 무슨 일을 하고 있는지에 대하여 알게 되었습니다.

뜻있는 많은 국민이 우리 윤사모에 대하여 큰 기대를 하고 있어 더욱 무거운 책임감을 느끼고 있습니다.

이제는 어제의 윤사모가 아니라 온 국민과 정치권의 비상한 주목을 받으면서 정권교체의 역할을 기대하는 무거운 역사적인 책임감을 요구받는 윤사모가 되었습니다.

우리 윤사모가 1월 3일 윤 후보가 대구시당에 왔을 때 대구 국민의 힘 당사 앞에서 이준석 대표사퇴를 촉구하는 규탄대회와 조원진 전 의원과 맞불을 놓을 때 많은 사람으로부터 반대의 냉소를 받았습니다.

하지만 이렇게 하는 것이 대의에 충실하는 것이라는 판단에 따라 규탄대회를 개최하였으며, 곧바로 이준석 대표에게 휴대

폰 문자 폭탄과 항의 전화를 하면서 이준석 대표를 초토화 시켰습니다.

이때도 우리 윤사모 내부조차도 반대 여론이 비등하였지만 밀어붙였습니다.

급기야는 이것이 빌미가 되어 권성동 전 사무총장과 이준석 대표가 설전을 벌이게 되고 선대위가 해체되는 불쏘시개 역할을 하였습니다.

이 사건에 대하여 주요 언론들이 대대적으로 보도함으로써 정치권은 물론 전 국민이 우리 윤사모의 역할과 파워를 인정하게 되었습니다.

이것이 바로 우리 윤사모가 해야 할 역할과 저력이 아닐까 사료됩니다.

그리고 작년 8월 23일에도 국민의 힘 대구시당 앞에서 윤석열 후보가 대선후보가 되지 않도록 이준석 대표가 온갖 방해 할 때도 이준석 대표 사퇴규탄대회 개최를 하려고 할 때 윤석열 후보 캠프에서 반대하였습니다.

하지만 우리는 우리의 판단이 옳다고 생각하였기 때문에 캠프의 만류에도 아랑곳하지 않고 이준석 대표 사퇴규탄대회를 강행하였습니다.

그때 겁을 집어먹은 이준석 대표가 사과하면서 꼬리를 내리게 만든 역할도 하였습니다.

이때도 전국의 방송이란 방송은 앞다투어 취재하면서 보도경쟁을 하였는데 이때부터 우리 윤사모의 존재감을 세상에 알리는 단초를 제공하였습니다.

순간의 선택이 십 년을 좌우한다는 어느 광고 카피라이트와 같이 우리는 한순간도 긴장의 끈을 놓쳐서는 안 됩니다.

대선일이 다가올수록 좌파들의 공세와 수위는 더 높아질 것입니다.

우리 윤사모도 더욱 긴장하면서 대응하고 기선 제압도 해야 할 것입니다.

설 전후로 해서 현수막 등으로 파상공세를 한다고 하므로 이에 대한 대비하고 더 좋은 정책이나 대안들이 있으면 제안하여 주시기 바랍니다.

오늘 윤병진 윤사모 경북 회장님의 금과옥조 같은 제언을 심층부에 전달하여 선거 전략에 검토하여 달라고 하였습니다.

지난 3일 이준석 대표에 대한 성토에 대하여 대대적으로 보도된 것은 다음과 같습니다.

다시 한번 우리 윤사모를 주목하게 만든 생생한 것들은 우리의 소중한 자산이 될 것입니다.

이번에 보도된 우리 윤사모의 활약상은 광고 금액으로 환산한다면 얼마나 될까요?

아마도 수억 아니 수십억의 효과가 있지 않을까 싶습니다.

이제 우리 윤사모를 모르는 사람이 없게 되었습니다.

우리를 더욱 주목할 것입니다.

그만큼 우리 윤사모도 책임감이 더욱 커지게 되었습니다.

제가 수차 말씀드렸다시피 3월 9일 대통령 윤석열을 윤사모 가족들이 무등을 태우고 청와대로 들어갑시다.

그리고 현재의 지지율에 일희일비할 필요가 없습니다.

윤석열 후보님은 난세가 낸 영웅이며 하늘에서 점지 된 인물입니다.

반드시 정권교체의 주역이 될 것입니다.

문 정권이 저질러 놓은 청소부 역할을 거침없이 할 것입니다.

이제 우리 윤사모도 정권교체를 위해 마지막 혼불을 지펴봅시다.

우리가 항상 주문처럼 외치는 윤사모 맹세와 같이 시대적 사명감을 다해 봅시다.

우리 윤사모의 의무는 반드시 정권교체를 하는 교두보 역할을 해야 하고 윤석열 대통령이 성공적인 국정 수행과 임기를 무사히 마칠 때까지 호위무사 역할을 하도록 합시다.

2022. 1. 9

윤사모 중앙회 회장 최성덕

허위 사실과 정보통신망법
명예 훼손한 안해욱 고발

사람이 살면서 해야 할 말이 있고 하지 않아야 할 말이 있다. 안해욱은 인간이기를 포기한 인간이 아닐까 싶다.

자주 보았던 친한 친구도 10~20년 만에 만나면 얼른 얼굴을 알아보지 못하고 어리둥절할 때가 한두 번이 아니다.

그런데 안해욱은 김건희 여사를 수십 년 전에 술집에서 만났다고 거짓말하면서 윤석열 대통령을 대통령에 당선되지 않게 온갖 권모술수를 쓰면서 악의적으로 모독했다.

친한 친구도 오랜만에 보면 얼굴을 잘 알아볼 수 없는데 수십 년 전의 김건희 여사를 보았다는 것은 새빨간 거짓말이다.

처녀 때의 얼굴이 수없이 바뀌었는데도 잘 아는 것처럼 말하는 것은 악의적인 거짓말이 아닐 수 없다.

그런데 김건희 여사에 대한 줄리 의혹을 제기하는 등 거짓말로 온갖 모욕감을 주던 인간이 이번에는 지난 전주를 지역 국회의원 보궐선거 기간 중 2023년 3월 29일 전주 MBC 후보자 토론회에서 "윤석열 개새끼…. 윤석열은 김건희의 하수인일 뿐이고 대통령실에서 술이나 처먹고 있다"라는 허위 사실을 유포하여 대한민국 대통령의 명예를 고의로 심각하게 훼손해서 필자는 안해욱을 2023.4.3. 서울 영등포경찰서에 고발장을 접수했다.

필자는 전 국민이 시청하는 방송토론회에서 국가 존엄인 윤석열 대통령에게 입에 담을 수 없는 욕을 한 것은 인간이기를 포기한 처사로써 용서할 수 없었다.

참으로 이해가 되지 않은 것은 국가원수 모독죄를 폐기한 데 따른 폐단이 인간밀종과 같은 안해욱이 겁도 없이 지껄이도록 방치하고 있다는 것이 문제다. 국가원수에 관한 법과 제도 정비가 필요하다고 생각된다.

이 사건은 어떤 이유인지 몰라도 경상북도 경찰청 사이버수사대에서 조사하고 입건하였다는 통보를 받았다.

하지만 이런 중범죄는 국영호텔로 직행하도록 해야 함에도 대구지방검찰청에서는 솜방망이 처벌로 구속하지 않은 것은 참으로 유감이 아닐 수 없다.

향후 국가원수에 대해 모독을 하지 못하도록 국가원수 모독죄를 부활시켜 국가 존엄을 지킬 수 있도록 해야 제2, 제3의 안해욱 같은 인간을 예방할 수 있을 것이다.

이재명 후보를 지지한
전국사회적 경제인 수사촉구

2021.9.3. 대구시청 앞에서

이재명 후보를 공식 지지한 최혁진 전 청와대 사회적 경제 비서관과 전국사회적 경제인 1051명의 지지자에 대해 협동조합 기본법 및 개별법에 따라 협동조합의 공직선거 관여금지 조항 및 공직선거 위반 여부에 대해 즉각 수사를 촉구하는 기자회견과 성명을 발표했다.

협동조합 기본법 제9조(공직선거관여금지) 협동조합 및 협동조합연합회 등은 공직선거에서 특정 정당을 지지·반대하는 행위 또는 특정인이 당선되도록 하거나 당선되지 아니하도록 행위를 하여서는 아니 된다.

또한, 소비자 생활협동조합법 제7조에는 조합 등은 공직선거에서 특정 정당을 지지·반대하는 행위 또는 특정인이 당선되도록 하거나 당선 못 하도록 하는 행위를 하여서는 아니 된다고 되어있다.

이러한 근거에 의해 불법 지지를 못 하게 하면서 중앙선거관리위원회는 협동조합기본법 및 개별법에 따른 협동조합의 공직선거 관여금지 조항과 공직선거법 위반 여부에 대해 즉각 수사하라라고 촉구했다.

다음은 성명서 전문이다.

성 명 서

중앙선거관리위원회는 전국 사회적 경제인 1501명의 이재명 후보 지지에 대한 선거법 위반 여부에 대해 즉각 수사하라!

존경하는 국민 여러분!

작금의 현실은 코로나와 생활 물가 상승세가 무섭습니다. 장바구니 물가는 10년 만에 최고 폭으로 급등하면서 '오르지 않는 건 월급뿐'이라는 말이 절로 나오고 있다.

특히 문재인 정권의 잘못된 판단과 무능과 대장동 화천대유에서 보듯 천문학적 부패가 만연하고, 인류의 보편

더불어민주당 이재명 대통령 예비후보를 공식적으로 지지한다고 선언한 전국 사회적 경제인 1051명의 지지자가 협동조합기본법 및 개별법에 따른 협동조합의 공직선거 관여금지 조항과 공직선거법을 위반한 것으로 드러났다.

지난달 29일 오후 2시 최혁진 전 청와대 사회적 경제비서관 등 주요 사회적 경제인들이 이재명 후보 캠프에서 기자회견을 열고 '전국 사회적 경제인 1000인 이재명 후보 지지'를 공식 선언했다.

이들은 선언문을 통해 "이재명 후보가 추구하는 '억강부약', '대동세상'은 사회적 경제의 다른 이름"이라며 "사회적 경제 활성화와 질적 도약, 적극적인 분배 정의 실현 등을 함께할 동반자로서 이재명 후보를 응원하고 연대하겠다"라고 말했다.

그러나 이들은 협동조합기본법과 소비자생활협동조합

법인 '공직선거 관여금지'를 위반하면서까지 이재명 후보를 지지했던 것으로 확인됐다.

협동조합기본법 제9조(공직선거관여금지)에서는 "협동조합 및 협동조합연합회 등은 공직선거에서 특정인을 당선되도록 하는 행위를 하여서는 아니 된다"라고 명시하고 있다.

소비자생활협동조합법의 제7조(공직선거 관여금지)도 "특정인을 당선되도록 하거나 당선되지 못하도록 하는 행위를 하여서는 아니 된다"라고 되어있다.

협동조합기본법 및 소비자생활협동조합법에 따라 설립된 조합이 특정인의 당선을 위한 지지하는 행위 등 공직선거 관여는 2년 이하의 징역 또는 2천만 원 이하의 벌금을 물리도록 명시되어 있다.

중앙선거관리위원회는 '전국 사회적 경제인 1051명'에

대해 선거법 위반 혐의에 대해 즉각 조사에 나설 것을 강

력하게 촉구한다.

2021. 9. 3

윤사모 중앙회 회장 최성덕

윤사모 임원 1699명
윤석열 대통령 예비후보 지지 선언

2021년 10월 26일 윤석열 대통령 예비후보 시절 임하빌딩에서 윤사모 중앙회 임원들과 전국 17개 시도협의회 회장단이 참석하여 윤석열 대통령 후보 지지 선언을 했다.

이날 지지 선언에는 전 충남도지사를 역임한 박태권 상임고문과 최도열 상임고문, 석동현 상임고문 등도 참석했다.

지지 선언에는 검찰총장 재직 당시 살아있는 권력에 눈치 보

지 않고 불의와 맞서 싸웠던 윤석열 대통령이 국민의 힘 대통령 후보서 가장 적임자라며 정권교체를 통해, 공정과 상식, 정의의 바탕 위에서 헌법 제1조"국민이 주인이 되는 역동적인 나라"를 건설하고 비정상적인 국면을 정상으로 되돌려 줄 사람은 윤석열 후보분이라고 지지를 선언했다.

다음은 윤사모의 윤석열 대통령 후보 지지선언문이다.

국민의 힘 윤석열 후보 지지 선언문

존경하는 국민 여러분

윤석열을 사랑하는 전국 모임 「윤사모」 중앙회"는 검찰총장 재직 당시 살아있는 권력에 눈치 보지 않고 불의와 맞서 싸움으로써 국민에게 신선한 충격을 주었던 인간 윤석열을 사랑하는 자발적이고, 순수한 양심적인 "국민 주권 운동의 모임체"이다.

문재인 대통령은 2017년 5월 10일 취임식에서 30가지 공약을 발표했다. 그 중 '기회는 평등하고, 과정은 공정하며, 결과는 정의로울 것이다'라고 했다.

그는 소득주도 성장, 탈원전 정책, 부동산 정책, 청년 일자리 정책, 코로나 방역 대책 등 국정의 전 분야가 퇴보하고 있으며, 공정과 상식도 조국 사태에서 보았듯이 무너졌다. 김정은의 대변인, 삶은 소 대가리 등 품격이 참담하기 짝이 없는 상황이다.

이런 민주당 정권이 전과 4범에 친형인 이재선을 정신병원에 강제 입원시킨 저질인간이 다시 집권한다면 대한민국은 국제사회에서 완전히 망가지게 될 것이다.

자유민주주의의 수호와 대한민국의 미래를 위해서는 내년 봄 대선에서 정권교체가 반드시 이루어져야 한다고 절대다수 국민은 희망한다.

그런 점에서 국민의 힘 후보가 당선되어야 할 것이며,

그중에서도 검찰총장 재직 당시 살아있는 권력에 눈치 보지 않고 불의와 맞서 싸웠던 윤석열 후보가 국민의 힘 대통령 후보로서 가장 적임자라고 우리는 주장한다. 오늘 우리는 위기의 대한민국을 바로 잡아줄 윤석열 후보를 적극 지지하고자 이 자리에 섰다.

윤석열과 함께 정권교체를 통해, 공정과 상식 및 정의의 바탕 위에 헌법 제1조 "국민이 주인이 되는 역동적인 나라"를 건설하고, 비정상적인 국면을 정상으로 되돌리기 위해 최선의 노력을 할 것이며 이러한 대업을 수행, 완수하기 위한 최적임자로 "윤석열 후보임을 거듭 확신하며 적극 지지를 국민께 공식 선언한다"

우리 「윤사모」 중앙회 회원 일동은 윤석열 후보만이 대한민국을 세계가 부러워하는 나라, "기회가 평등한 나라! 과정이 공정한 나라! 결과가 정의로운 나라!"로 이끌 수 있는 후보는 윤석열 전 검찰총장이라고 단언하며, 헌법과 법치를 수호함으로써 정상적인 대한민국을 만들 수 있다고 다시금 확신한다.

  이에,「윤사모」회원 일동은 국민의 힘 당내경선과 내년 제20대 대통령 선거 승리와 함께 윤석열 정권이 끝나는 그 날까지 윤석열과 함께할 것을 결의한다.

2021년 10월 26일

「윤사모」 중앙회 회장 최성덕 외 임원 일동

궂은일은
도맡아

윤사모는 윤 대통령의 최대 팬덤 조직이라는 것은 모두가 인정하고 있다. 윤 대통령의 검찰총장 시절부터 총장직을 내던지고 대통령에 출마해서 나라를 구하라고 촉구한 단체다.

전국적인 조직을 만들어서 윤 대통령 당선에 일등공신 역할을 했다는 사실에 이의를 제기하는 사람이 없을 정도로 자타가 공인하고 있는 것에 자부심도 가지고 있다.

지금은 윤 대통령을 당선시키기 위해 대선 때 활약했던 대다수의 팬덤 조직들은 소멸되거나 있어도 별로 역할을 하지 못하고 있어 안타까움을 더하고 있다.

이렇게 된 것은 여러 가지 있지만, 대선이 끝나고 감사장 하나 받지 못한 서운함이 크게 자리하고 있다고 생각된다.

역대 대통령 선거 후 감사장을 주지 않은 당선인은 없었다.

윤 대통령이 어떻게 이것마저 챙길 여유가 있겠는가. 참모들이 대선 때 임명장을 준 만큼 지지한 사람들에게 그 흔했던 감사장으로 고마움이라도 표시했다면 참 좋았을 텐데 참으로 유 감이 아닐 수 없다.

지지자들은 노골적으로 서운함을 감추지 않았다. 이것은 곧 윤 대통령의 원망으로 돌아서고 배신감을 토로하는 이도 없지 않았다.

그 당시 윤 대통령을 지지했던 수많은 사람이 돌아선 것은 대 선 후 사후관리를 하지 못한 점도 한몫을 하고 있다.

시민사회 수석실에 대한 원성이 윤 대통령에게로 화살이 돌아가고 있는 것을 볼 때 시민사회 수석실의 역할이 새삼 중요함을 일깨우고 있다.

우리 윤사모는 어떤 대접을 받던 일편단심 민들레와 같은 마음으로 변함없이 지금도 한결같이 호위무사 역할을 하고 있다.

선거 때 왕성하게 지지활동을 했던 팬덤 조직들은 거의 활동을 하지 않고 있어 안타까움을 다하고 있다.

하지만 우리 윤사모는 윤 대통령이 당선된 후 지금까지도 전현희 전 권익위원장 타도 집회, 민노총 본진에서 규탄대회, 안해욱 고발, MBC의 조작방송 고발 등 많은 활동을 하면서 궂은 일은 도맡아 하고 있다.

권익위 청사 앞에서
철면피 전현희 단죄 규탄대회

2022. 12. 28 윤사모 회원들은 정부청사 권익위 앞에서 철면피와 같은 전현희 전 국민권익위 위원장이 자리를 끝까지 지키지 말고 즉각 사퇴하라는 시위를 했다.

문재인은 임기가 끝나는 그 날까지도 자신들의 수족들을 알박기나 하고 그 졸개들에게 들어가 윤 대통령의 발목을 잡으라고 훈수 두는 일도 서슴지 않아 분통이 터질 정도였다.

필자는 귀신도 눈멀었다고 하듯이 왜 이런 인간들을 잡아가지 않는지 많은 원망도 했다.

문재인 졸개 중에서도 후안무치한 전현희를 잡아가지 않는다고 저승사자에게 원망한 것도 한두 번이 아니다.

악담하기 위해서가 아니라 나라 걱정 때문이었다. 인간말종 중에서도 전현희를 유독 타겟으로 삼은 이유가 있었다. 권익위원회는 말 그대로 국민의 권익을 최우선으로 하는 곳이다.

하지만 전현희는 오히려 국민이 걱정하도록 하는 철면피로 전락했기 때문이다.

서해 공무원 피살사건에 있어 유권해석을 거부하고, 2019년 탈북 선원들의 강제 북송 사건 때도 입장표명을 거부했다.

국민의 부동산 투기 전수조사 참여 논란, 추미애 아들 사건 판단 논란, 감사원에 제보한 직원에 대한 고발 등 수 없는 엇박자를 놓았다.

이런 인간을 철면피라 하지 않을 수 없었다.

끝까지 문재인이 저질러 놓은 잘못을 덮어주고 똥이나 싼 것을 치워주는 환경미화원과 같은 일을 하는 인간을 왜 저승사자가 잡아가지 않는다고 항의하는 것이 틀린 말일까.

전현희를 더 이상 묵과할 수 없어 2022.12.28. 오후 2시 세종시 국민권익위원회 청사 앞에서 철면피 끝판왕 전현희 사퇴촉구 규탄대회를 했다.

그런데 더욱 웃기는 것은 전현희는 시위하는 이 날 SNS를 통해 2020년 10월 당시 검찰총장이었던 윤석열 대통령의 "임기는 국민과의 약속"이라는 말로 사퇴를 거부했다.

참으로 얄미운 인간이어서 꿈에 보일까 봐 겁이 날 지경이다.

인간이 예의 염치가 없으면 인간이 아니다. 염치가 없는 전현희는 인간이기를 포기한 짐승과 다름없는 철면피라고 생각된다.

다음은 성명서의 전문이다.

윤석열을 사랑하는 "윤사모"는 더불어민주당 출신 국민권익위원회 전현희의 블로그 12월 28일, 지금도 남아있는 〈문재인 정부와 함께하는 "국민 바라기" 전현희입니다〉라는 글귀처럼, 문재인이가 5월 10일 날 떠났는데 치사하게 "정무직이 임기 운운"하는 헛소리 하지 말고 빨리 떠나라. 윤사모는 국민의 이름으로 강력하게 경고한다.

고영주 변호사가 말하는 공산주의자 문재인, 개 사룃값 운운하며, 가족같이 키우던 개를 버리는 일명 '양산 개장사'를 후세 사학자들은 아마도 간첩, 나라를 통째로 적국에 갖다 바친 역적이라고 기술할 것 같다.

겉으로는 가장 민주적인 척하고, 속으로는 나라 망하게 원전 파괴, 소득주도성장 등에서 여실히 증명되고 있다. 젊고 용기 있는 도태우 변호사가 오죽하면 문재인을 여적죄로 검찰에 고발했을까?

'삶은 소 대가리' '김정은의 대변인' 문재인 정부에서 국민권익위원장이라는 감투를 쓰고 행세를 하다가, 대통령 선거에서 국민으로부터 선택받지 못했으면, 국민의 명령에 따라 당선자 윤석열 정부에게 깨끗하게 인계하고, '국민 여러분 그간 감사했었습니다'하고 떠날 일이지, 전현희의 블로그 문재인 정부와 함께하는 "국민 바라기" 전현희입니다. 하면서 돌아서서는 임기 운운하며, 직원들을 볼모로, 조폭 같은 행동으로 자리 지키는 것은, 인간이 아니라 개, 돼지 같은 행동임을 왜 모르는가 전현희 위원장에게 고한다.

민주주의 국가, 국민의 명령인 대통령 선거에 졌으면 깨끗하게 정권을 인계해야지, 뭘 구질구질하게 더불당과 손발 맞춰가면서 '국민에게 엄청난 누를 끼친' 헌정사상 초유의 사태를 몰고 온 당사자에게, 지금부터 호칭을 "전현희 씨"라고 칭한다.

문재인 추종자 전현희 씨에게 하는 진언은 인간의 윤리와 도덕과 한국의 전통 있는 전씨 가문의 후손답게 겸손과 언행일치라는 품격을 갖추기를 바란다.

전현희, 양산 개장사 문재인이가 떠났는데 헛소리하지 말고 빨리 떠나라.

이게 국민의 마지막 명령이다.

2022년 12월 28일

윤사모중앙회 회장 최성덕 외 회원 일동

사상 최초로
민주노총 앞에서 시위하다

지금까지 윤사모가 한 일들은 한둘이 아니다. 지난 대선 때 김건희 여사와 대화하면서 인간쓰레기 같은 기자가 불법녹취한 것을 확대 재생산했던 MBC에 대하여 방송 중단과 대국민 사과를 요구했다.

MBC가 사망했다는 조화를 100개 앞세우고 장장 20일간 시위한 것을 비롯한 윤 대통령 후보 시절 낙마를 위해 온갖 권모술수를 벌인 이준석 당 대표 사퇴촉구 결의대회, 윤 대통령이 미국에서 사적 발언한 것을 사실이 아니게 바이든이라고 말했다고 음해했던 MBC 기자와 민주당 박홍근 원내대표 고발, 윤 대통령을 모독한 망나니 안해욱 고발, 이재명 대표의 화천대유 특검, 국정조사 촉구 대회, 박지원 전 국정원장의 선거개입 항의시위, 민노총 불법 화물연대 시위 등 열거할 수 없을 만큼 윤 대통령 호위무사 역할을 했다.

이 중에서도 민노총의 불법 화물연대 시위에 민노총 앞에서 규탄대회를 한 것은 백미라고 생각된다.

시위라고 하면 민노총의 전유물이라고 인식될 만큼 시위를 독차지하면 사회 혼란을 부추기고 있는 집단이다.

그런데 사상 처음으로 우리 윤사모가 민노총 앞에서 항의시위를 했는데 이것은 민노총이 생기고 항의 규탄을 받은 것은 처음이라 세인들의 주목을 받았다.

허를 찔린 민노총은 우리 윤사모와 필자를 보고 간이 배밖에 나왔다고 혀를 차지 않았을까 싶다.

이처럼 우리 윤사모는 윤 대통령에게 도전하는 불법세력을 단죄할 역사적 사명을 부여받고 있다고 생각하기 때문에 취임 2주년을 앞둔 오늘도 윤 대통령 지킴이 역할도 멈추지 않고 있다.

성 명 서

민주노총 총파업 사태는 자유민주사회의 반민주 반문명 폭거요 국가 경제발전에 걸림돌이다.

민주노총 창립선언문에 생산의 주역이며 사회개혁과 역사발전의 원동력이라고 명시했는데 작금의 행태는 사회개혁과 역사발전에 걸림돌이다.

민주노총 전체 노동자의 5.5%인 민주노총의 전투적 노동운동으로 힘없는 노동자를 소외시켰고 노동자들 사이에 부익부 빈익빈을 더욱 확산시키고 있다.

그간 민주노총 소속 건설노조 택배노조 등 관련 조합원은 폭력으로 힘없는 사업주를 괴롭혔다. 심지어 죽음으로 내몰았다.

그간 민주노총은 폭력으로 힘없는 사람과 국가발전에 걸림이었음을 스스로 자각하고 국민 앞에 정중하게 사과하라.

또 민주노총의 총파업은 국민과 뜻있는 조합원들의 상

식과 기대를 저버리는 반민주 반문명 폭거이다.

이번 파업은 윤석열 대통령을 겨냥한 정치 파업이고 정당한 노동행위가 아니다.

총파업 핵심 요구 사항▶ 비정규직 철폐와 노동법 전면 개정 ▶ 정의로운 산업전환과 일자리 국가 책임 ▶ 주택 의료 교육 돌봄 부문의 공공성 강화 등이다. 사실상 국가가 모든 노동자의 삶을 책임지라는 것으로 어느 정부도 해결할 수 없는 것들이다.

노동관련법에는 파업행위를 근로조건 등 노사가 해결할 수 있는 사안을 요구해야지 민주노총이 내건 모든 것들이 사업장의 노사문제를 벗어나 윤석열 대통령을 겨냥한 정치적 투쟁이다.

민주노총이 정상적인 노동운동을 이탈한 데에는 민주주의와 법치주의를 수호할 책임이 있는 더불어민주당 양심 불량 세력들의 잘못이 가장 크다.

정부와 공권력을 만만하게 보게 만들었다. 노사문제에 자의적으로 개입했을 뿐 아니라 문재인 정부와 더불당은 노사가 자율적으로 분쟁을 해결할 수 있게 힘의 균형을 잡아주는 법 제도도 만들지 못했다. 는 것이다.

그러면서 어설프게 노사관계를 안정시킨다고 불법 폭력 파업을 용인했고 노동조합의 지켜야 할 최소한의 사회적 책임도 묻지 않았다.

민주노총에 묻는다 노동단체인가? 반미친북 정치단체인가?

한미동맹은 대한민국의 오늘을 있게 한 우리 안보의 근간이다.

양경수 민주노총 위원장은 한미동맹 해체 한미연합 군사훈련 중단 등 북한 정권의 입장만을 대변하는 행위를 강력히 규탄한다. 북한이 핵탄두 대륙간탄도미사일(ICBM) 극초음속 미사일 등 우리 방어망을 무력화하는데도 북한의 입맛에 맞는 집회만 열었다.

이제라도 ▶ 민주노총은 총파업 시도를 철회하고 국민에게 사죄하라. ▶ 민주노총은 불법적인 행위를 당장 중단하고 대화와 협력으로 미래지향적 노사관계 구축에 앞장서라. ▶ 북한을 대변하는 행위를 즉각 중단하라.

윤석열 대통령에게 드릴 말씀은 정부는 민주노총의 불법적인 쟁의행위들과 이적성 집회나 폭력과 점거행위 등은 절대 좌시하지 말고 원칙에 입각한 강력한 법 집행으로 우리 국민의 생명과 안전을 지키고 이 나라의 법질서를 확립하고 특히 2004년에 처음 도입된 업무개시명령 제도를 강력하게 집행해서 불법적인 노동 총파업을 뿌리를 뽑아주시길 강력히 촉구한다.

2022년 11월 30일

윤사모 중앙회 회장 최성덕 외 회원 일동

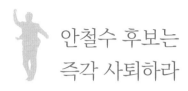

안철수 후보는
즉각 사퇴하라

대통령 선거가 며칠 남지 않은 시점에도 5%도 안 되는 지지율로 대통령 선거를 끝까지 치르겠다고 하는 안철수 후보에 대하여 우리 윤사모는 피가 마르는 심정으로 국민의 당사 앞에서 즉각 사퇴하고 윤석열 대통령과 단일화하는 사퇴촉구시위를 했다.

정권교체는 시대정신이고 국민의 명령이므로 안철수 후보는 용퇴하고 후보 단일화를 하라고 촉구했다. 만약 사퇴하지 않으면 역사의 죄인이 된다고 호소했다.

이재명 후보와 박빙의 승부로 결정될 것 같은 불안한 마음을 진정할 수 없었다.

입이 촉새인 이준석은 8% 이상 이긴다고 호들갑을 떨었지만 불안한 마음은 진정되지 않았다.

안철수 후보만 용퇴하면 윤석열 대통령이 당선될 것 같아 선거법 위반의 위험을 무릅쓰고 사퇴를 촉구하는 시위를 했다.

째깍째깍 다가오는 3월 9일 대통령 선거에서 국민의 열화와 같은 정권교체, 보수 후보 단일화로 정권교체의 기회를 발로 차 버린다면 안철수 후보는 당장은 국민의 원성을 사겠지만 역사의 역적으로 영원히 오명을 남길 것이라고 협박 아닌 협박을 했다.

안철수 후보의 정체성은 무엇이냐고 채근하면서 우리가 아무리 보아도 후보 사퇴를 하지 않고 있는 것은 문 정권 연장의 부역자, 민주당의 2중대로밖에 보이지 않는다고 맹공을 퍼부었다.

우리가 이렇게 촉구해서 그런지 하늘이 도왔는지 대선 이틀을 앞두고 안 후보가 사퇴한 것은 신의 한 수라고 생각한다.

사람이 잘 되려면 뒷골 여우라도 돌봐야 한다고 하듯이 안 후보의 사퇴는 윤 대통령에게 큰 힘이 되었다고 생각한다.

다음은 안철수 후보에게 후보를 사퇴하라는 성명서 전문이다. 이때도 윤사모의 이름을 사용할 수 없어 나라 살리기 운동본부의 명의로 성명을 발표했다.

다음은 성명서 전문이다.

성 명 서

"정권교체는 시대정신이고 국민의 명령이다
안철수 후보는 즉각 후보 단일화하라"
만약 후보 단일화를 거부한다면 안철수 후보는
즉각 정계 은퇴하는 것이 국민에 대한 도리다.

작금 국민의 당 안철수 후보의 국민 배신의 정치형태를 지켜보면서 끓어오르는 분노를 참을 수 없다.

지난날 정치권의 신선한 바람을 몰고 온 "안철수의 새 정치"는 이제 때가 묻어 어느 정치 평론가의 말처럼 "날아 다니는 새처럼, 제멋대로 하는 정치'를 즉시 그만두라.

지금의 시대정신은 정권교체다. 정권교체는 국민의 명령이다. 정권교체를 위한 첩경은 후보 단일화다.

그런데도 온갖 야비한 핑계를 대면서 후보 단일화를 거부한 안철수 후보는 이제 어제의 신선했던 안철수가 아닌 것 같아 참으로 실망스럽다.

정권교체를 방해하고 그간 한국 민주정치를 후퇴시킨 죄(罪), 국민께 무릎 꿇고 사죄하고, 대통령 후보직을 즉각 사퇴하라!

지난 제19대 대통령 선거에서 개인적 욕심을 버리고, 보수 후보 단일화를 했더라면 오늘날 무능하고 부패한 문재인 종북좌파 정권은 탄생하지도 않았을 것이다.

당시 득표율을 보면 문재인 후보 41.08%, 홍준표 후보 24.03%, 안철수 후보 21.41%, 유승민 후보 6.76% 등 문재인 후보보다 세 사람의 보수 후보가 11.12%가 더 많은 52.20%였다.

이것은 무엇을 말하는가. 흩어지면 죽는다는 것을 웅변으로 증명하는 것이 아닌가.

그런데도 안철수 후보는 왜 후보 단일화를 거부하는가.

다가오는 3월 9일, 대통령 선거에서 국민의 열화와 같은 정권교체, 보수 후보 단일화로 압도적인 정권교체의 염원을 발로 차는 듯한 안철수 후보는 하늘이 두렵지 않은가를 묻고 싶다.

그간 애국심과 인간적인 매력이었던 도덕성은 어디에 가고 욕심만 가득 찬, 사탕 주면 입 다무는 철없는 망나니 "초등학생 철수"같은 느낌이 든다.

서울시장 출마 시 대통령 출마는 하지 않는다고 하지 않았던가, 한입 갖고 두말하는 안철수 후보는 이제 가면을 벗어라. 대통령 출마변을 할 때 정권 심판을 하겠다. 정권교체를 하겠다고 하지 않았는가. 5%도 안 되는 지지율로 정권교체를 하겠다는 말인가.

안철수 후보의 정체성은 무엇인가.

우리는 아무리 보아도 문 정권 연장의 부역자, 민주당의 2중대로밖에 보이지 않는다고 생각한다. 후보 단일화 거부는 국민의 열화와 같은 정권교체에 찬물을 끼얹는 행위요 민족 대 반역자로 전락한 행위라고 단언하고 싶다.

정권교체 가로막는 거짓말쟁이 같은 안철수 후보는 즉각 정계를 은퇴하든지 아니면 후보 단일화에 앞장설 것을 촉구한다.

국민의 당 안철수 후보는 정권교체라는 국민의 열화와 같은 소리가 들리지 않는가.

당신의 단일화 요구조건, 윤석열 후보와 여론조사를 통한 단일화 방법은 소가 들어도 웃을 일이 아닌가.

여론조사를 통한 방법은 후보 간 우열을 가르기 힘이 들 때, 하는 방법이지 정상적인 보통사람이 요구할 소리인가.

그런데도 단일화 방법을 계속 고집하고 있는 속내를 국민 앞에 밝힐 것을 촉구한다.

"나는 문 정권의 부역자고 민주당의 2중대라고, 정권교체보다는 정권 연장을 원하고 있다고 밝히면 그래도 솔직한 인간이라고 연민의 정이라도 받을 수 있지 않을 것인가.

세상에는 비밀이 없다. 안철수 후보가 단일화를 요구할 때, 어느 언론인이 "안철수 후보는 모 기관으로부터 큰돈을 받아서 단일화 못할 겁니다"라고 했다.

우리는 그 말이 사실이 아니길 믿고 싶다.

그런데 이상한 냄새가 나는 것 같아 의구심이 들고 있다. 지난 25일 대통령 후보자 방송토론회에서 이재명 후보가 대장동 몸통이 윤석열이라고 할 때, 윤석열 후보 왈 "내가 성남시장을 했나, 경기지사를 했나, 초밥을 사 먹었나? 이완용이 안중근에게 나라를 팔아먹었다고 하는 꼴"이라고 할 때, 특히 토론 중간중간 이재명 후보 편을 드는 행위가 뭔가 좀 이상하다고 국민 대다수가 느꼈을 것이라 생각한다.

안철수 후보는 모 기관으로부터 발목을 잡혔다고 한다면 이실직고하고 용서를 구하는 것이 도리가 아닐까. 이것 때문에 단일화할 수 없다고 밝히면 그래도 국민으로부터 일부 용서를 받을 수 있지 않겠는가.

안철수 후보에게 묻고 싶다. 이재명 후보가 그렇게도 좋은가.

내로남불 민주당 정권의 이재명 후보는 검사 사칭 등 전과 4범, 대장동 사건, 형수 쌍욕, 친형 강제 입원, 국민

혈세로 하루 18끼 식사를 하는 등 언행일치가 안 되는 사람, "굿바이 이재명" 책을 읽어보면 이재명 후보가 어떤 사람인가를 짐작할 수 있지 않은가.

이런 후보가 대통령이 된다면 미래가 명약관화(明若觀火)한데 어떻게 이재명 후보를 감싸고 돕고 있는가 말이다.

그래서 안철수 후보에게 시궁창 냄새가 난다는 소문이 나고 있다는 것을 안 후보만 모르고 있으니 참으로 안타깝다.

안 후보가 지금이라도 후보 단일화를 한다면 이런 몹쓸 소문들이 사실이 아니라고 믿지만, 끝까지 단일화를 하지 않는다면 소문의 진위를 사실로 인정하는 꼴이 되지 않겠는가.

안 후보는 역사의 비석에 이 사실이 기록되지 않기를 우리는 염원하고 또 염원한다.

안철수 후보에게 호소하는 바는 가슴속 마음, 감추고

감추어도 하늘도, 땅도, 국민도 다 안다. 부디 욕심을 버리고, 정치권에 입문할 때 초심으로 돌아가서, 맑고 깨끗했던 마음과 이미지로 돌아가서 공정과 정의로운 나라, 젊은이들에게 꿈과 희망을 주는 자랑스러운 나라를 만드는데 국민과 함께하길 바라는 것이다.

지금 이 순간 국민께 용서를 구하고 정계를 떠나든지 아니면 후보 단일화로 국민의 걱정을 덜어 줄 것을 충고한다.

　　5% 조금 넘는 지지율로 대통령이 되겠다고 하는 것이 안철수 후보의 상식이고 철학인가. 이런 지지율로 대통령이 되겠다고 하는 것은 망상이고 미신 신봉자와 무엇이 다르겠는가.

　　오늘보다 역사를 생각하는 존경받는 "자연인 안철수"가 되기를 다시금 호소한다.

2022년 3월 2일

나라지킴이(윤사모 중앙회)대표 최성덕 외 회원 일동

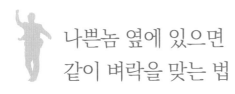

나쁜놈 옆에 있으면
같이 벼락을 맞는 법

대선 내내 선거운동은 하지 않고 실세들에게 꽝이나 팔러 다닌 송인환, 이종찬, 김덕진, 홍경표 씨 등 짝퉁 윤사모의 일탈은 소리 없는 총이 있다면 쏴버리고 싶은 심정이었다.

2021.8.2. 윤사모 총회에서 수석부회장까지 임명받고 기념사진까지 찍은 송인환 씨는 회비, 후원금 사용 논란으로 윤사모에서 제명된 홍경표 씨와 짝퉁 윤사모를 만들어 회장 행세를 했다. 참으로 기가 찬 인간이 아닐 수 없었다. 어떻게 이런 인간이 공정을 이야기할 수 있고 정의, 상식을 논할 수 있는가 말이다.

법과 원칙도 모르는 양심에 털 난 인간의 모습에 연민의 정이 들지 않을 수 없다.

제사보다는 젯밥에 관심이 많은 인간이 순수하게 윤 대통령을 위해 노력한 윤사모를 먹칠한 망동은 역사의 물결에도 지워지지 않는 잘못을 저질렀다고 지적하지 않을 수 없다. 대선 때도 이렇게 애를 먹이던 인간이 대선이 끝난 후에도 망나니짓을 멈추지 않아 매우 불안했다.

대통령실에 줄을 단 송인환 씨는 겁 없이 대통령실을 들락거렸다.

특히 윤석열 대통령이 나토 첫 해외 순방을 나갔을 때 송인환, 이종찬 등이 대통령실에 들어가서 휘젓고 다니다가 기자들에게 들켰다.

그 당시만 해도 일반인들은 대통령실에 잘 들어갈 수 없었을 때이다.

이런 기회를 놓칠 기자들이 아니었다.

윤 대통령이 해외 첫 순방길에 올랐으면 성공적인 외교순방이 될 수 있도록 염원하고 처신을 조심해야 함에도 망아지같이 설치고 다녔다.

취재기자는 대통령실을 찾은 사람은 윤사모 중앙회 송 아무개로 확인되었다고 하면서 대서특필했다. 참으로 나쁜 놈 옆에 있으면 벼락을 맞는다고 짝통 윤사모의 일탈 행위 때문에 정말로 일굴을 들 수 없있다.

이 보도를 보고 윤석열 대통령은 얼마나 실망했을까 싶다.

진짜 윤사모는 생색내기를 하지 않는 것을 모토로 삼고 오직 윤석열 대통령이 성공한 대통령이 될 수 있도록 그림자 같은 행동을 해야만 대통령에게 누가 되지 않는다고 삼가 조심했다.

그런데 천방지축으로 날뛰는 망아지 같은 인간들 때문에 우리 윤사모와 필자는 본의 아니게 피해를 보게 되었다.

꼴뚜기가 어물전 망신을 시킨다고 이런 꼴뚜기 같은 인간들 때문에 우리 윤사모가 도맷값으로 넘어가서 욕을 보게 되었다.

참으로 괘씸한 인간들이라 하지 않을 수 없다.

궂은일을 도맡아 야당과 싸우고 시위를 해도 한 번도 구정물에 손을 담그지 않는 인간들이 다른 단체 이름으로 바꾸었을 때 십 년 묵은 체증이 내려가는 것 같았다.

윤석열 정부 성공
국민 행복 캠페인

윤 대통령이 취임하고 난 이후 윤 대통령을 홍보하는 지지단
체들이 없어 필자는 대구 윤사모 회원들과 "윤석열 정부 성공
은 국민 행복'이란 어깨띠를 매고 홍보캠페인을 전개했다.

대구 동구청에는 매년 동구 어울림 한마당 축제를 하고 있었
으나 코로나 때문에 3년간 행사를 하지 못했다.

2022.10.15.일 오랜만에 동구 주민 만여 명이 참여한 가운데 박주영 축구장 옆 광장에서 성대하게 개최했다.

구민들은 코로나로부터 해방된 분위기 속에서 오랜만에 만난 친구와 이웃끼리 만나 그동안 나누지 못한 회포를 푸는 축제의 자리였다.

필자와 회원들은 주민들을 일일이 찾아다니면서 윤석열 대통령을 잘 보호해주고 치적에 대해서도 이웃 주민들에게 많이 홍보하여 달라고 하면서 각 부스를 다니면서 인사를 했다.

이날 행사는 동별 장기자랑과 문화예술제도 개최하여 주민화합에 크게 이바지하기도 했다.

특히 119안전센터에서도 주민들에게 응급처치 방법을 가르쳐주고 직접 실습하는 자리를 만들어 행사의 의미를 더했다.

가수들의 흥겨운 노랫가락에 어깨춤을 덩실덩실 추면서 행사의 분위기를 고조시켰는데 윤사모 홍보대사인 가수 전설(진석훈)도 출연하여 윤사모를 알리는 큰 역할도 했다.

이날 중점적으로 주민들에게 알린 것은 윤 대통령이 제왕적 권력을 내려놓은 점과 서민경제 우선, 탈원전 폐기, 소주성 폐기로 민간주도형 경제정책, 외교적 성과와 국가 위상 제고, 사상 최대규모 방산 수출, 집값 안정, 강력한 대북정책, 좌파척결

등등을 홍보하여 주민들로부터 많은 호응을 받았다.

이 캠페인에 시민들의 눈길을 끈 사람은 입대를 앞두고 빡빡 깎은 머리에 큰 몸집 때문에 송지훈 단장이 마치 조폭도 윤사모에 참여하는 것으로 오해받기도 했다.

입대를 앞두고도 윤석열 대통령을 위해 앞장서고 있는 송지훈 청년단장은 윤사모의 소중한 자산으로 많은 박수갈채도 받았다.

윤사모 역정

어퍼컷
한방

PART 2

윤석열 대통령 관련
최성덕 칼럼

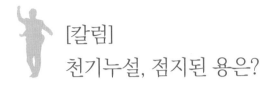

[칼럼]
천기누설, 점지된 용은?

[시사매거진/광주전남] 인간에게 신의 한 수는 무엇일까. 그것은 미래를 알 수 없게 한 점이 아닐까 한다. 만약 자신들의 미래를 다 알게 된다면 어떻게 될까. 꽃길이 깔린 미래가 아닌 다가올 불행의 씨앗을 알고도 자포자기하지 않고 삶을 즐길 수 있을까?

"모르는 것이 약"이라고 하는 말이 여기에서 나온 지도 모를 일이다. 하지만 탐욕이 끝없는 인간들은 그 성역에 도전하고 있다. 용한 점술가와 관상가들에게 자신의 미래를 알고 싶어 안달한다. 특히 선거철이 되면 더욱 극성을 부린다. 점집은 문전성시가 되고 유명인의 몸값은 천정부지다.

솔직히 말해 정치가의 꿈이 있는 사람치고 이런 용하다고 하는 곳에 한 번도 물어보지 않았다고 한다면 이 사람이야말로 정치할 자격이 없는 사람이라고 단언한다. 옛날 임금들도 관상 도감을 두고 국가 길흉화복을 점쳤고 기우제도 지냈다. 최근 윤석열 후보 손바닥에 임금 왕(王) 자가 쓰인 것을 두고 그를 미신 신봉자라고 몰아세우고 있다. 그렇다면 옛 임금들은 미신 신봉의 원조들이므로 임금들부터 먼저 단죄를 해야 하지 않을까?

손바닥에 쓴 임금 왕(王) 자가 무슨 미신이란 말인가, "신념의 마력" 저자인 브리스톨이 들으면 무식한 소리를 한다고 호통을 치지 않을까 싶다. 브리스틀은 유명한 심리학자다. 세상만사는 자신의 신념대로 된다는 것을 과학적으로 입증한 학자다. 자신이 원하는 것이 무엇이든 글자를 써 붙이거나 주시하면서 간절히 주문을 외우듯이 외우고 반복하면서 암시를 계속하면 그것은 현실이 된다는 것을 입증한 불세출의 인물이다. 그런데 손바닥의 임금 왕(王) 자를 두고 미신 신봉자라고 맹공하는 인간들은 자신의 무지를 드러내는 무식꾼이라고 자수한 꼴이다. 그래서 무식한 인간이 용감하다고 하지 않았는가.

윤석열 후보를 욕하는 사람들은 지금 당장 "신념의 마력"이란 책을 구입하여 스스로 자숙하라. 김영삼 대통령도 "어릴 때부터 자신이 대통령 된다고 책상머리에 붙여 놓고 자기 암시를 하신 분이다. 알아야 면장질 한다고 뭔가도 모르면서 참으로 한심하다.

김대중 대통령은 어땠는가? 부모 산소도 이장해서 발복을 기원했다. 가톨릭 신자지만 봉화에 있는 현불사 설송 스님에게 의

탁했다. 예지력이 뛰어난 설송 스님은 대통령이 된다고 예언했다. 비방처리의 덕인지 적중한 예언의 보답으로 보은의 비석을 세웠는데 아직도 현불사를 지키고 있다. 좌파, 진보, 우파들 모두 임금 왕(王) 자를 쓴 윤 후보를 미신자라고 욕하려면 먼저 현불사에 있는 김대중 대통령 비석부터 뽑아버리고 삿대질하시라.

아이러니하게도 오늘의 윤석열 후보를 만든 일등 공신(?)은 추미애다. 그도 용의 기운이 있는지 설송 스님을 친견한 사람 중의 한 사람이다. 아마도 궁예의 관심법을 도용하면 그때 설송 스님은 "네가 가장 미워하고 싫어하는 사람이 대통령이 될 것이다"라고 하지 않았을까 싶다.

"사랑은 아무나 하나"라는 노래와 같이 한 나라의 용은 아무나 되는 것이 아니다. 박정희 대통령도 사연이 많다. 나이 들어 회임한 어머니는 낙태하려고 높은 곳에서 뛰어내리고 구르기도 하였으나 끝내 실패했다. 또한, 만주에서 유명한 관상가에게 미래를 점쳤는데 그때 관상가가 넙죽 엎드려 두령(頭令)이 될 분이라고 넙죽 절했다고 한다. 용은 선택받은 점지가 아니면 안 되는 지존의 자리다.

필자는 최근 우연히 노무현 당선과 김일성 사망, 김대중 대통령의 서거를 예언해 유명세를 탄, 지금은 하늘의 별이 된 차길진 법사가 2019. 3. 9에 쓴 "국민의 마음을 사로잡을 사람"이란 칼럼을 본 일이 있다. 내용은 이렇다. "나는 노무현 대통령이 당선되기 전 동해의 용오름 현상처럼 갑자기 나타난 인물이 청와대로 들어간다고 예언 한 바 있다. 이번에도 그럴 가능성이 매우 크다. 비범한 인물이 나타나 국민의 마음을 사로잡을 것이다. 그 인물은 경천동지(驚天動地)할 세상을 만들어 나갈 것이다. 기해년 모든 분야를 아우르는 새로운 폭풍을 몰고 올 인물이 등장할 날이 머지않았다"고한 예언이다.

여기에서 기해년(己亥年)이란 2019년도를 말한다. 이 예언을 할 날짜가 3월 19일이다. 공교롭게도 윤석열 후보가 검찰총장이 된 해는 차길진 법사가 예언한 기해년 7월 16일이다. 윤 후보는 검찰총장에 임명된 후 살아있는 권력과 대척점을 세우면서 정의롭고 공정하고 상식이 통하는 세상을 만들겠다고 했다. 이때부터 윤 후보는 국민의 마음을 사로잡는 거목으로 성장했다. 우연의 일치인지는 몰라도 이 예언은 국민이 소환한 윤석열 후보가 대통령으로 점지 된 용이라고 예언한 것이 아닐까?

아무튼, 필자는 이 예언은 윤 후보를 두고 한 예언이라고 확신하고 있다. 천하의 보검은 그냥 만들어지는 것이 아니다. 대징징이로부터 수없이 두들겨 맞고 뻘건 화로에서 땀을 뻘뻘 흘리면서 인고의 시간을 가져야 하고 수 없는 찬물 목욕재계를 해야만 비로소 보검으로 거듭난다.

이처럼 윤석열 후보도 지금 보검의 잉태과정을 혹독히 겪고 있다. 당 내외의 온갖 대장장이들로부터 뭇매를 맞고 있다. 온탕과 냉탕을 오가는 보검과 같이 지지율이 등락을 거듭하지만, 전혀 일희일비할 필요가 없다. 명품 보검으로 거듭나기 위해 모진 산고를 치르고 있기 때문이다. 단언컨대 내년 3월 9일 차길진 법사의 예언이 실현된다면 그 덕분에 필자도 족집게 예언가(?)의 반열에 올라가지 않을까 싶다. 그날이 참으로 손꼽아 기다려진다. 그 이유는 정의, 공정, 상식이란 공의의 강물이 삼천리 금수강산에서 넘쳐나길 바라는 간절한 소망 때문이다.

http://www.sisamagazine.co.kr/news/articleView.html?idxno=410264

[최성덕 특별기고] 대한민국의 새로운 희망을 본다 (경북신문)

바다에 의지해서 사는 사람들의 가장 큰 고민은 풍랑이다. 고기를 잡는 어부들은 매년 용왕에게 무탈하게 해달라고 정성을 담은 제물을 바치면서 기원하는 용왕제, 막막한 바다 위를 항해하는 선원들은 생명을 담보할 수 있는 해로를 찾는다.

아프리카 최남단에 '폭풍의 곶'이라고 불리는 곳이 있다. 이곳은 강한 바람과 높은 파도 때문에 선원들의 무덤이 되는 위험한 곳이다.

그런데 이곳을 안전하게 다닐 수 있는 해로를 찾기 위해 고민을 거듭한 선원들은 드디어 거칠기 그지없는 죽음의 폭풍 속에서도 안전하게 통과할 수 있는 해로를 찾았다. 그 주인공들은 포르투갈 선원들이다. 이때부터 사람들은 이곳을 '희망봉'이라고 부르고 있다.

이와 마찬가지로 지금 대한민국에는 나라를 삼키는 폭풍이 휘몰아치고 있고 나라가 언제 뒤집힐지 모르는 풍전등화와 같은 폭풍 속에서도 이 폭풍을 잠재울 큰 바위 얼굴과 같은 '희망봉'이 될 시대정신을 가진 사람을 찾고 있다.

무능과 독선, 편 가르기, 위선, 실정, 폭정, 불공정, 이중잣대, 남 탓, 내로남불, 부패 등은 문 정권의 훈장(?)과 같은 수식어다. 이런 훈장(?)에 눈 깜짝하지 않고 반성도 없이 밀어붙이고 있는 강심장과 철판 깐 두꺼운 얼굴도 역대급이라 할 수 있다. 죽으려면 환장부터 한다는데 왜 그럴까?

라임, 옵티머스 금융사건, 청와대 울산시장 선거 개입 의혹, 윤미향 사건, 원전 조기 폐기, 북한원전건설, 울진원전 북한송전, LH 부동산 투기, 국가 부채 2000조 시대지만 미래 세대는 걱정도 않고 공적자금을 선거용이나 성난 민심 무마용으로 마구잡이로 뿌려대는 나라. 전 국민을 금붕어로 만드는 나라, 공적자금이 비상인지도 모르고 좋아하면서 독배를 들고 있는 민초들. 이 빚을 누가 어느 천년에 다 갚을 것인지 참으로 앞이 보이지 않는다.

부동산 실책으로 천정부지 모르게 치솟은 주택값 폭등으로 서민들의 주택 마련의 꿈은 다음 생에서나 희망을 걸어야 하고, 당당해야 할 청년들은 넋 나간 사람처럼 풀이 죽어 오갈 데 없는 낭인의 신세를 면하지 못하고, 정권 비리를 덮고 장기 집권의 걸림돌이 되는 원자폭탄과 같은 윤석열 총장을 제거하기 위해 검찰개혁이란 미명으로 둔갑시키는 나라는 어떤 풍랑과 '폭풍의 곳' 보다도 더 세다.

우리 국민은 명줄이 질기기는 질긴가 보다. 이런 폭풍 속에서도 살아남으려고 희망봉을 찾고 있다니 말이다. 그래서 하늘이 무너져도 솟아날 구멍이 있다는 속담이 생겼는가?

문통의 취임 일성이 무엇인가? 정의, 공정, 상식이 통하는 나라 건설이라는 휘황찬란한 깃발을 들고 입성하지 않았던가. 그런데 그 깃발은 다 어디로 갔는가. 어느 편을 따져 정의, 공정, 상식의 색깔이 달라지는 나라가 되어 가고 있지 않은가. 문 정권은 공정과 정의, 상식은 이미 전당포에 잡혀먹은 지는 이미 오래 전이다. 나라꼴이 말이 아니다.

한 번도 경험해보지 못한 나라를 만들겠다 했는데 말이 씨가 된다고 정말로 한 번도 경험해보지 못한 나라가 되어버렸지 않은가. 문통이 말한 대로 과연 기회는 평등하고 과정은 공정하고 결과는 정의로운 나라인지, 저희끼리 다 해 먹는 나라가 나라냐 말이다.

정말로 피통이 터지고 울화통이 터진다. 육두문자가 입술을 자극하고 있지만 겨우 참고 있다. 정말로 이세 나라냐. 죽을 자리를 향해 거침없이 달려가는 문통에 연민의 정이 든다. 참으로 안타까운 일이다.

필자는 문통의 지지자는 아니지만 문통의 취임 초부터 정치를 잘하지 못한다고 욕을 하고 험담하는 주위 사람들에게 자제를 시켰다. 정권 초기인데 이렇게 마구잡이로 흔들어대면 그 피해는 국민의 몫이라고 문통의 대변인 역할을 자청했다.

또한, 한라산물과 백두산물을 합수할 때 큰 기대를 하면서 박수를 쳤던 사람이다. 그런데 문 정권 타도의 선봉장이 된 것은 무엇 때문일까. 이것은 문재인의 운명이 아니라 필자의 운명이 아닐까 싶다.

자랑 같지만 필자는 초기 경실련에 몸담아 십 년 넘게 정의로운 사회를 만들기 위해 영혼을 불살랐다. 그 당시 TV에 200 이상 보도될 만큼 뉴스메이커였다. 이것이 끝인 줄 알았는데 정말로 인생은 새옹지마(塞翁之馬)다.

씨알의 소리의 주인공 함석헌 선생은 이런 말씀을 했다. "이런 세상에 정치업자 놈들이 그리 국민을 짜먹으려고, 백성은 그런 정치업자들과 노골적으로 표(票)를 사고판다"라고 울부짖었다. "백성들이여 살려고 하거든, 목을 옥죄는 이 올가미를 벗으려고 하거든 턱이 부러질 만큼 죽을 힘을 다해야 한다"며 "일어서라 백성아"를 외쳤다.

그런데 이 울림의 말씀이 이 시대와 맞닿은 것은 우연일까. 지금 온 나라의 민초들은 "일어나라 윤석열, 이게 나라냐. 정치판을 갈아엎자. 나라를 구하라 윤석열, 대통령 윤석열"이라고 야단법석이다. 함옹은 이 시대를 미리 내다본 선각자가 아닐까?

혹자들은 윤석열 총장을 대놓고 눈물도 콧물도 없는 몰인정한 칼잡이라고 혹평들 하는데 이는 당달봉사와 다름없다.

역대 검찰총장 중에서 운전기사와 마주하면서 식사를 하는 사람이 있는지 나와 보라 해라. 환경미화원에게 여사님이라고 따뜻하게 대하면서 손을 잡고 고생한다고 한 검찰총장이 있었다면 나와보라. 새카만 후배 검사들이 한밤중에도 술 사라고 거리낌 없이 호출(?)하여도 싫은 내색 없이 나가 술값도 지불하면서 밤새도록 함께 어울린 검찰총장이 있었는지 나와보라고 해라.

얼마나 인간미 넘치는 멋진 사내대장부인가. 검사는 천직의 임무가 있다. 엄정한 잣대를 들이대는 것은 검사의 본분이다. 법과 원칙이 없는 검사는 소금기 없는 맹물과 같다. 바닷물의 3%의 소금기가 바닷물을 썩지 않게 한다.

그런데 공사가 분명한 사람다운 사람의 향기가 나는 사람이 바로 윤석열 총장이라고 해도 누구든 공치사하는 밀이라고 시비를 걸지 않을 것이다.

누구보다도 정이 많고 눈물이 많으며 마음이 여린 분이라는 것은 윤 총장과 가까운 사람들은 더 잘 알고 있다. 하지만 공정과 정의, 상식 앞에서는 추상 없는 염라대왕이다. 공과 사가 분명한 이것이 윤석열 총장의 진면목이다.

문 정권이 불살라버린 공정과 정의, 상식이 통하는 나라다운 나라를 만들 수 있는 사람은 윤석열 총장뿐이라고 국민이 열광하는 이유는 무엇일까.

이것은 문 정권의 온갖 핍박에도 굴하지 않고 공정과 정의, 상식이 통하는 세상을 지키기 위해 온몸을 던진 윤석열 총장의 시대정신 수호의 결기와 진심을 보았기 때문 아닐까.

그래서 필자는 윤석열 총장을 대한민국을 살리는 '희망봉'이라고 단언하고 기대하는 마음 간절하다. 윤총이 그렇게도 핍박받을 때 산 너머 불구경만 했던 국민의 힘. 문 정권이 나라를 이꼴로 만들어도 '찍' 소리 한 번 제대로 내지 못하는 국민의 힘, 문 정권의 실정에 촌철살인의 비판을 해야할 때도 꿀 먹은 벙어리처럼 침묵을 미덕으로 삼는 국민의 힘, 보릿자루 꿔온 것처럼 보신주의에 몸 사리는 국민의 힘, 나라가 이 꼴이 되어도 누구 하나 의원 배지를 떼버리는 정의로운 국회의원 한 명도 없는 국민의 힘, 때리는 시어머니보다 말리는 시누이가 더 밉다고 필자는 국민의 힘이 더 밉다. 이런 위선자와 같은 당이 제3지대 머뭇거리는 것은 윤석열 총장의 앞날을 기약할 수 없다고 공갈·협박하는 국민의 힘에 윤 총장이 들어가면 과연 대통령이 될 수 있을까.

국민의 힘에 기대한다는 것은 죽은 자식 뭐(?) 만지기와 같다고 필자는 단언한다. 윤 총장이 희망을 걸어야 하는 것은 열화와 같은 민초들의 등에 타야 하고 민심의 파도에 올라타는 것뿐이다.

아프리카 속담에 '혼자 가면 빨리 갈 수 있지만 멀리는 가지 못한다. 하지만 함께 가면 빨리 갈 수 없지만 멀리는 갈 수 있다'라고 하듯이 시대 정신의 표상이 되는 윤석열 총장이 윤사모 등 온 나라의 민초들과 손에 손 잡고 희망봉이 되어 함께 간다면 암울한 국운을 바꾸는 민족의 지도자로, 역사에 길이길이 기억될 대통령으로 우뚝 설 것이라 확신한다.

http://m.kbsm.net/view.php?idx=309483

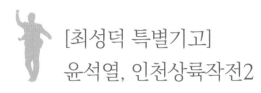

[최성덕 특별기고]
윤석열, 인천상륙작전2

윤석열 대통령 예비후보가 큰 사고(?)를 쳤다. 국민의 힘에 아무런 조건 없이 전격 입당하자 모두 허를 찔렸다고 호떡집에 불난 것처럼 야단법석이다. 야당은 야당대로 여당은 여당대로 충격의 몸살을 앓고 있다.

특히 여당의 충격은 도를 넘고 있다. "개인의 사익만 추구하는 정치, 거지꼴을 면하지 못할 것이다", "독재자 후예의 품에 안겼다"라고 독설을 퍼붓고 있다. 윤 후보의 국민의 힘 입당은 성공확률 5000분의 1이라는 인천상륙작전을 성공시킨 맥아더 원수를 연상하게 한다.

지금 윤석열 후보의 인천상륙작전 2 성공에 문 정권과 여당이 당황하고 있는 모습은 맥아더 원수의 인천상륙작전 성공에 혼줄을 놓고 우왕좌왕하는 김일성의 모습을 보는 것만 같다. 사실 좌파 쪽에서는 맥아더 원수를 욕하지만, 그가 없었더라면 지금의 우리가 있을까. 한 지도자의 결단이 역사를 바꾼다는 것은 역사적 사실들이 웅변으로 증명하고 있지 않은가.

앞이 보이지 않는 망국의 지름길 앞에 불세출의 윤석열이란 큰 바위 얼굴과 같은 영웅이 나타나서 한국 정치의 역사를 새롭게 쓸 정치판 인천 상륙, 그의 결행은 정말로 통쾌하다. 이는 국운이 아직도 국민의 편이라는 것을 입증하는 증거다.

혹자들은 중도보수들의 지지는 물 건너가서 차기 대선은 실패한다고 낙담하는 이들도 많지만, 필자는 그렇게 보지 않는다. 이번 윤 후보의 결행은 김영삼 대통령이 야합했다고 욕을 얻어먹으면서도 민자당에 들어가서 자기 정치를 한 것과 다름없다.

범을 잡으려면 범 굴에 들어가야만 한다. 이번에 윤 후보가 조건 없이 국민의 힘에 전격 입당한 것은 참으로 박수를 받을 만하다. 대권후보로 낙점받으면 그때 가서 자기 정치를 하면 된다. 중도와 진보까지 아우를 수 있도록 개혁해야 할 부분이 많은 국민의 힘을 대수술하면 집 나갔던 토끼들은 저절로 돌아올 것이다. 이번 윤 후보의 결단에 적극적인 지지를 보낸다.

사실 국민의 힘은 이상한 당이다. 아들을 낳지 못해 대(代)를 잇기 위해 양자를 들여야 하는 집에서는 양자 될 사람에게 온갖 호(好)조건을 제시하고 잘 보이려고 하는 것이 인지상정이나.

정당의 생명은 정권창출이다. 정권창출을 하지 못하면 시체다. 즉, 강시들이다. 하지만, 대통령감이 없어 바깥에 있는 대통령 후보를 양자 들여야 할 국민의 힘이 온갖 배짱을 부리고 큰소리치면서 윤석열 후보를 겁박하는 것을 보고 상식이 있는 당인가 귀를 의심했다.

그런데도 윤 후보는 사내대장부답게 양자의 조건은 하나도 없다. 대를 이어주겠다고 하면서 당당하게 경선을 하겠다고 선언했다. 이는 얼마나 당당한가. 이것이 정의·공정·상식의 철학을 가진 윤석열 후보의 진면목이라 할 수 있다. 그래서 국민이 감동하고 열광하는 이유다.

윤 후보는 국민의 마지막 선택지다. 윤 후보를 흔들지 마라. 흔드는 만큼 나라가 흔들린다. 문 정권에서는 이만한 인물을 배출하였으면 감동하고 밀어주어야지 왜 못살게 구는가. 한 인물이 탄생하는 것은 국민의 절대적 지지가 없으면 불가능한 일이다. 국민이 윤석열 대통령을 만들고 있음을 직시해야만 한다.

"아빠 힘내세요, 우리가 있잖아요"라는 노래와 같이 윤 후보 곁에는 엄청나게 많이 지지하는 국민이 지키고 있다. 또한, 시즌2를 준비하고 있는 윤 사모(윤석열을 사랑하는 모임)가 있으므로 이제 윤 후보는 혼자가 아니다.

국민 모두는 윤 후보야말로 국민이 원해서 나온 인물임을 주목하고 힘을 실어주자. 한국 정치 역사를 새롭게 쓰고 나라를 구할 인천상륙작전 2는 역사적 대사건이다. 이는 국운이 아직도 국민 편에 남아 있다고 알리는 전령사이므로 희망의 끈을 놓지 말자.

〈경북신문〉

[최성덕 특별기고] 을파소, 우탁(禹倬) 선생이 그리운 시대

밥 먹을 때는 개도 건드리지 않는 법이다. 하물며 상주가 된 사람에게는 더더욱 그렇다. 서로 소원했어도 문상을 하면서 감정을 푸는 것이 인지상정이다.

그런데 못된 송아지 엉덩이에 뿔 난다고 예의염치가 눈곱만큼도 없는 민주당 강 모 의원은 마치 못된 송아지 같아 뿔을 뽑아야만 인간이 될 것 같다. 상주가 된 최재형 전 감사원장에게 양상군자(梁上君子), 즉 도둑이라며 문자로 욕보인 강 모 의원은 보따리 터는 화적떼 졸개인가.

2018년 1월 문통은 최재형 전 감사원장에게 임명장을 줄 때 '불공정이 문제'라고 하며 철저한 감사를 당부했다. 이런 당부에 따라 월성원전 경제성 조작 감사를 철저하게 했는데 왜 문 정권은 되레 주인보고 짖는다고 맹폭을 퍼붓고 있는가. 최 전 감사원장이 문 정권의 법치 훼손과 민주주의 파괴행태에 정면으로 맞서고 있는데 도대체 무엇이 잘못되었는가.

실정으로 나라를 이 지경으로 만든 문통이 잘한 것은 딱 하나 있다. 대권후보로 우뚝 선 윤석열 전 총장, 최재형 전 감사원장, 김동연 전 부총리 등 인재양성이다.

그래도 이들에게 희망을 걸 수 있어 다행으로 생각하는 국민이 많다. 이런 공적(?)으로 문 정권에 면죄부를 줄 수 있을까. 문통은 하산길이 더 위험하다는 것을 직시해야 할 것이다. 문 정권의 부패에 대하여 날 선 메스를 가한 최 전 감사원장은 고려 후기 유학자 역동선생(易東先生)이라고 부르는 우탁 선생을 연상케 한다.

우탁 선생은 고려 충숙왕이 부왕의 후궁인 숙창원비와 통간을 하자 신하들이 서로 눈치 보고 있을 때 죽음을 무릅 쓴 간언을 했다. 백의 차림에 도끼를 들고 왕의 침소 앞에 자리를 깔고 소신의 말씀이 틀리면 이 도끼로 신의 머리를 쪼개라고 간언했다.

이런 충신의 간언에 놀란 충숙왕은 자신의 잘못을 시인하고 우탁 선생에게 더 큰 벼슬을 내렸지만 사양하고 낙향을 택했다. 한국 성리학의 시조로 불리는 안향 선생은 제자들에게 "내가 죽거든 우탁 선생을 나를 대하듯이 하라"고 유언했을 만큼 우 덕 신생의 학문과 덕행은 지금도 표상이 되고 있다.

또 다른 사람도 있다. 그 사람은 을파소다. 고구려 고국천왕 때의 일이다. 나라를 구할 인재를 찾을 때 모두 안유를 천거했다. 하지만 안유는 정중히 사양했다. 안유는 "미천한 저는 옹렬하고 어리석어 위기에 처한 나라를 구할 능력이 없다"라고 극구 사양하면서 을파소를 천거했다. "을파소는 비록 농사를 짓는 촌부지만 그가 아니면 안 될 것"이라고 간언했다.

그런데 안유의 천거에 따라 꾀죄죄한 을파소를 본 왕은 실망이 이만저만이 아니었다. 아니 저 사람이 뭘 하겠다고 천거할까 하고 의문을 가질 때 을파소의 일격이 날아왔다.

"왕이시여 저에게 국상(國相)을 맡겨주지 않으시면 사양하겠다"라고 하는 것이었다. 이러한 기개에 놀란 왕은 엉겁결에 국상을 맡으라고 승낙했다. 일개 농사꾼에 지나지 않았던 을파소는 삼국사기에도 남는 명재상이 되었다. 을파소도 을파소지만 안유도 대단한 사람이 아닌가. 왕이 국상을 맡으라고 해도 사양하고 자신보다 출중한 을파소에게 양보한 안유 말이다. 문 정권에 이런 안유 같은 위인은 없고 간신들만 득실거리니 참으로 안타깝기 짝이 없다.

필자는 용꿈을 꾸고 있는 최재형 전 감사원장에게 한 마디 제언하고자 한다. 이씨 조선 이후 지리멸렬한 최문(崔門)에서 대통령이 나오는 것도 영광이지만, 우탁 선생과 같은 기개를 가지고 을파소와 같이 역사에 길이 남을 명재상(名宰相)의 길을 걸으면 어떨까 싶다.

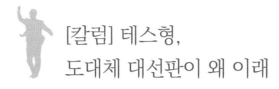

[칼럼] 테스형, 도대체 대선판이 왜 이래

2022.01.24 17:01

[시사매거진/광주전남] 세상은 요지경이라고 하지만 너무하다. 정책, 인물 검증이 실종된 대선. 후보 배우자의 약점이나 캐고 무속 프레임을 덮어씌우는 데 목숨을 걸고 있는 대선. 테스형 도대체 세상이 왜 이래. 스님들을 산적, 봉이 김선달이라고 비하한 입이 보살인 정청래 의원. 나쁜 놈 옆에 있으면 벼락 맞는다고 정권 연장에만 이골이 나 있는 문 정권의 끝자락이 보이는 듯하다. 사람이 죽으려면 환장부터 먼저 한다고 스님들을 거리로 내몬 정 의원의 입에는 귀신이 붙었나.

정작 용한 점쟁이 불러 굿판을 벌여야 할 사람은 정 의원이 아닌가 싶다. 언출여전(言出如箭) 불가경발(不可輕發) 일인입이(一入人耳) 유력난발(有力難拔)이라는 시구가 있다. 말은 화살과 같으므로 함부로 하지 마라. 사람의 귀에 한 번 박히면 힘이 센 항우장사라도 뽑지 못한다는 뜻이다.

우리 속담에 "함부로 씨부리지 마라. 말이 씨가 된다"고 하지 않았던가. 말을 함부로 해서 외통수에 걸린 정의원과 민주당은 이제 오동나무에 걸린 신세가 되었다. 징조가 불길해 보인다. 일어나라 조선의 승병들이여 하면서 목탁 대신 칼과 창을 들었던 사명대사의 심정은 지금 어떨까.

무속과 예지력, 직감력은 다르다. 알아야 면장질 한다고 이것도 구분 못 하는 이재명 선대위와 민주당은 참으로 딱하다. 무당이 굿을 한다고 굿판인가. 요즘 민주당은 온통 굿판을 벌이고 있다. 무속 타령에만 매몰되어 있는 민주당을 보면 한숨밖에 나오지 않는다. 필자가 보기에는 민주당 의원들은 전부 신들린 무속인들로 보인다. 예지력을 가진 사람과 무당은 완전 다르다. 그런데도 전부 무속인들이라고 치부하고 무속 타령을 하는 것을 보면 기가 찬다.

역사상 격물치지(格物致知)한 이인(異人)들은 너무나 많다. 북창 정렴 선생, 남사고 이지함 선생, 노스트라다무스, 스베덴보리, 강증산 선생, 이이 율곡 선생 등이다. 우리가 잘 아는 율곡 선생은 왜구의 침입을 내다보고 십만양병설을 제기했으나 선조가 묵살했다. 하지만 율곡 선생은 선조가 피신하는 길목까지 미리 알고 그 막다른 곳에 세운 것이 파주에 있는 화석정(花石亭)이다. 이 화석정을 태워 횃불로 삼지 않았나면 그때 선조는 왜구에게 붙잡혔을 것이다. 이렇게 앞날을 내다본 율곡 선생도 무속인인가. 사명대사는 어떤가. 그 신통력도 무속이라고 치부할 것인가.

이재명 후보 캠프에는 무속인과 예지력 즉 지감(知鑑)이 뛰어난 사람들이 한 명도 없을까. 똥 묻은 개가 겨 묻은 개 나무라는 격이다. 그 유명한 화천대유(火天大有) 천화동인(天火同人) 회사도 주역의 괘에서 따온 것이 아닌가. 일반 사람은 죽었다 깨어나도 모르는 일이다. 이것만 보아도 술객이나 한 가닥 한다는 도사의 냄새가 나지 않는가.

주역을 미신이라고 하고 예지력이 있는 사람을 무속인이라고 치부한다면 이번 대선에서 미신의 원조(元祖)는 어느 쪽인가. 예로부터 우리 선조들은 장독대에 정한수 한 그릇 떠 놓고 간절히 빌었고 동네 어귀에 있는 동네 수호신 나무에 당산재를 지내고 용왕에게 비는 용왕재를 지내왔고, 지금도 지내고 있지 않은가. 이런 우리의 선조, 할머니, 어머니는 전부 다 무속인들이란 말인가. 과학이 증명하지 못하는 형이상학적(形而上學)인 영역이 존재한다는 것을 부인할 수 없다.

이제 미신, 무속 타령은 그만하자. 나라의 운명이 걸린 절체절명의 시간이 눈앞에 다가오고 있는데 그렇게들 한가한가. 명심보감(明心寶鑑)의 천명(天命)에 나오는 순천자존 역천자망(順天者存 逆天者亡) 한다는 공자의 말씀이 오늘까지도 유효하다는 것은 3월 9일 증명 할 것이다.

필자는 대선의 결과는 이미 결정되었다고 단언한다. 그 근거는 하늘의 도움으로 천하를 얻는다는 화천대유(火天大有)와 군자는 뜻을 같이하는 사람들이 모여 힘을 합쳐서 같은 마음으로 공명정대하게 한다는 천화동인(天火同人)의 대의를 져 버렸기 때문이다. 대장동 사건으로 민심이 활화산같이 폭발하고 생때같은 4명이 죽어 나가는 등 하늘의 뜻을 거역했기 때문이다.

대선은 후보를 검증하고 정책대결을 하는 것이 상식 아닌가. 이것은 실종하고 후보의 배우자 약점 캐기와 무속 관련 프레임을 덮어씌우기에 여념이 없다. 공영방송은 한술 더 떠서 양아치가 녹취한 것을 확대 재생산이나 하고 낙선 운동에 총대를 메고 있는데 이것은 도대체 말이 되는 일인가.

사람들은 벌써 잊고 있는데 윤석열 후보가 손바닥에 "王"자가 쓰인 것을 갖고 또다시 군불이나 때고, 언제까지 우려먹으려고 하는지. 테스형 대선판이 왜 이래. 무식한 사람이 용감하다고 윤 후보의 손바닥에 "王"자 쓴 것을 미신이라고 닦달하는 것은 무식의 소치다. 반세기 동안 수백만 독사들의 삶을 성공적으로 이끈 브리스톨이 지은 "신념의 마력"이란 책이 그것은 미신이 아니라 과학이라고 웅변으로 증명하고 있다.

브리스톨은 원하는 바를 손이나 벽, 카드 등에 쓰고 반복하여 암시하면 그것은 현실이 된다고 설파하고 있다. 이재명 후보의 선대위 현 대변인이 아직도 이것으로 윤석열 후보가 미신에 심취해 있다고 공격하고 있는데 참으로 용감한 사람이라고 보인다. 거두절미하고 브리스톨이 지은 "신념의 마력"을 한 번이라도 읽어보기 바란다. 손바닥에 쓴 왕자를 가지고 미신 맹종자라고 치부하는 자신의 무지함을 깨달을 것이며 부끄러워 대변인직도 그만둘 것이라 사료된다.

왕이 된다고 매일 반복해서 암시하라고 윤 후보에게 훈수(?)를 둔 동네 할머니는 참으로 눈 밝은 아주 용한 할매가 아닐까 싶다. 이 할매는 암시의 힘을 알고 있는 도인이라고 보여 지기 때문이다. 윤 후보가 대통령이 된다면 이 할매를 왕사로 모셔도 손색이 없지 않을까. 이제 윤 후보의 손바닥에 쓰인 "王"을 갖고 더 이상 갑론을박하지 말고 정말로 국가경영능력이 있는지에 대하여 골몰하자.

필자도 수년간 휴대폰에 "정말 잘 돼"라는 스티커를 붙이고 있다. 이 스티커를 지인들에게도 나누어주고 있다. 필자에게도 미신 신봉자라 질타하면 좋겠는데. 필자는 작년 11월 3일 모 매체에 "천기누설, 점지된 용은 누구"란 칼럼을 쓴 바 있다. 이 예언대로 국민의 마음을 사로잡을 영웅의 탄생이 손꼽아 기다려진다. 테스형 내가 말하지 않아도 누군지 잘 알겠지요.

조대웅 기자

[최성덕 칼럼]
윤석열의 줄탁동시(啐啄同時)

2022.01.06 17:13

[시사매거진/광주전남] 신묘한 것이 자연의 이치다. 공짜란 것이 없다. 일확천금을 노리고 목을 매달다가 로또 1등에 당첨된 사람들의 뒤끝은 어떤가. 십중팔구 패가망신이다. 시련과 고난이 없이 얻어진 것은 가치가 없다.

"처음 윤석열로 돌아가겠다"라는 윤석열 후보의 포효는 이제 때가 무르익어가고 있다는 징조의 울림 아닐까. 병아리의 일생은 참으로 재미있다. 병아리가 부화 되는 시간은 21일이 소요된다. 어미 닭은 21일간 달걀을 품는다. 처음 일주일간은 물 한모금도 마시지 않고 생사를 건다. 어떠한 천적이 훼방하더라도 꿈쩍하지 않는다.

어미 닭은 알 속의 병아리가 세상에 나오려고 껍질을 깨는 신호를 줄 때까지 기다린다. 먼저 껍질을 깨고 나오려고 발버둥칠 때 비로소 어미닭은 껍질을 깨준다. 이것을 줄탁동시(啐啄同時)라 한다.

어미 닭은 병아리가 껍질을 깨고 나오려고 하기 전까지는 인내하고 기다린다. 그 이유는 병아리가 스스로 나오려고 껍질을 깨는 수고를 하지 않는데도 어미가 나오게 하면 쉽게 세상을 본 병아리는 면역력이 약해 곧 죽어버리기 때문이다.

이것이 닭과 병아리 새끼와의 약속이다. 이와 마찬가지로 세상을 구할 영웅이 태어나는데도 줄탁동시가 되지 않으면 안 된다. 윤석열이란 달걀은 온 국민이 2년 동안이나 품어왔다. 그동안 무수한 방해물이 나타났으나 이 모든 것을 이겨내고 이젠 때가 왔다는 반가운 소식이 들린다. 윤석열 후보의 "처음 윤석열로 돌아가겠다"라고 선언한 것은 병아리가 달걀 속에서 세상 밖으로 나오겠다고 어미 닭에게 보내는 신호와 다름없다.

이렇게 윤석열 후보가 홀로서기를 선언할 때 우리 국민은 무엇을 해야 할까. 어미 닭과 같은 역할을 해야 하지 않을까. 이제 영웅의 서막이 활짝 열리고 있다는 한 소식이 들릴 때 윤 후보가 홀로서기를 할 수 있도록 도와야 하지 않을까.

이것은 바로 국민과 윤석열 후보와의 줄탁동시다. 이것은 윤석열을 아끼는 애국시민들의 몫이다. 이제 국민은 병아리 암수 감별법과 유·무정란 감별법만 터득하면 된다. 일반 사람들은 유정란과 무정란의 식별을 잘하지 못한다. 알을 깨어보면 금방 알 수 있다. 배아가 크고 흐릿한 것은 유정란이고 배아가 아주 작고 흰색이 진한 경우가 무정란이다. 그리고 알을 일일이 깨어봐야 안다면 어느 천년에 병아리 한 마리라도 부화시킬 수 있겠는가.

일반적으로 달걀이 외형적으로 유정란이 무정란보다 껍질 색이 흐리고 크기가 작다. 알을 낳지 못하는 무정란은 용도폐기다. 현재 유력 대권후보 중 누가 유정란이고 무정란에 해당하는지 금방 식별할 방법이 있다. 인격, 품격, 살아온 역정, 비전, 무게감, 역사의식, 인생 철학, 약속이행, 말 뒤집기, 거짓말 능력 등등으로 비교해 보면 금방 식별할 수 있을 것이다.

우리 국민은 향후 100년의 국운을 결정할 선택의 순간이 다가오고 있다. 현명한 선택이 요구되고 있다.

제2의 김대업을 수없이 앞세워 윤 후보의 배우자 신상털기에 여념이 없지만, 인과응보가 답해 줄 것이라 믿는다. 생사람 잡으면 천벌을 받는 것이 우주의 법칙이다. 대통령은 하늘의 점지가 아니면 될 수 없는 지존의 자리다. 필자는 지난해 11월 3일 모 신문사에 칼럼을 통해 예언(?) 한 바 있다.

지난해 경찰과 시민들이 오리를 호위(?)한 기사가 시중의 화제가 된 일이 있다. 어미 오리와 새끼오리 12마리가 차도를 건너 냇가로 가는 광경은 지금도 눈에 선하다. 천적을 피해 아파트 베란다에 알을 낳고 부화한 오리 새끼들이 이사할 날이 다가오자 어미 오리는 절대로 거들어주지 않고 그 높은 곳에 있는 새끼들이 뛰어내려 따라올 것을 강권(?)했다.

죽음의 공포와 멀미가 날 정도의 높은 곳에 있는 새끼들은 선뜻 용기를 내어 뛰어내리기를 망설이자 어미 새의 호통 소리에 놀란 새끼들은 우왕좌왕했다. 그런데 그 중 용기 있는 새끼 한 마리가 사즉생(死卽生)의 마음으로 뛰어내리자 나머지 새끼들도 낙하해서 어미의 품으로 돌아와 쫑쫑걸음으로 차도를 건너는 광경은 우리 인간들에게 신선한 충격을 주고도 남을 일이다.

새끼들을 강하게 키우기 위하여 어미 오리는 더 이상 갈 수 없는 데서도 한 번 더 뛰어내리라고 하는 백척간두 진일보(百尺竿頭 進一步)의 용기를 요구했다. 윤석열 후보도 이 길을 결정했다. 이것은 국민의 품으로 오라는 국민의 함성에 답을 한 것이다. 정말 잘했다고 박수 치고 싶다. 초심을 잃은 갈지자 행보에 "이제 국민만 보고 가겠다"라고 하는 일성은 국민의 마음을 사로잡을 것이다.

필자가 평소 친하게 지내는 일명 대구 팔공산 지킴이라고 부르는 채 모 회장이 있는데 이 분은 99세의 장모님을 모시고 있다. 지난해 5월 초순에 자신의 장모님이 98세인데 폐가 다 녹아 병원에서는 마음의 준비를 하라고 해서 집에서 간호한다고 했다. 이승과 저승 간에 줄다리기를 하는 시한부 장모님의 소원은 "윤 총장에게 투표하고 돌아가시겠다. 꼭 윤 총장이 대통령 되는 것을 보고 죽는 것뿐이다. 그 전에는 염라대왕의 호출이 있어도 가지 않겠다"라고 하는 말씀을 들었다.

죽은 듯이 있으시다가도 TV에 윤 총장 말이 나오면 눈을 떠서 쳐다보고 미음을 자시지 않으면 윤 총장 이야기를 하면 조금이라도 드신다고 하였다. 얼마 전 장모님이 돌아가셨는지를 물으니까 아직도 살아계신다는 말씀에 저승사자의 호출을 받는 이런 분들까지 대통령 윤석열을 만들겠다고 하는데 윤 후보는 하늘이 낸 사람이라는 확신이 더 들고 있다.

세상에 이렇게 시한부 인생을 사는 할머니까지 윤석열 대통령 후보가 대통령 되는 것을 도우려고 하는데 윤 후보에게 두려움이 무엇이랴. 윤석열 후보가 대통령 된다면 지구를 떠나겠다. 5% 진다고 예언한 망나니 같은 정권교체의 최대의 걸림돌이 되는 이준석은 국민의 배신자요 대역적이라 단언한다. 미꾸라지 한두 마리가 온 나라를 흙탕물로 만들고 있는데 미꾸라지의 특효약은 메기다.

온 국민이 메기와 같은 역할을 하자. 모두가 윤핵관이 되면 정의·공정·상식이 통하는 세상이 오리라 확신한다. 우리 모두 윤석열의 줄탁동시(啐啄同時)에 동참하면 어떨까.

윤사모 중앙회 회장 공학박사 최 성 덕

새시대 새언론 시사매거진

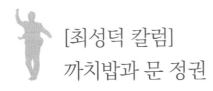

[최성덕 칼럼]
까치밥과 문 정권

2022.03.28 11:26

[시사매거진/광주전남] 공은 들인 대로 받고 씨는 뿌린 대로 거두며 죄는 지은 대로 받는 것은 만고의 진리다. 이런 인과응보의 법칙을 무시하는 사람의 말로는 험난할 수밖에 없다. 이제 한 달 남짓 지나면 하산을 해야 하는 문 정권도 이 인과율(因果律)에서 벗어날 수 없다.

사사건건 윤석열 대통령 당선인의 발목을 잡고 물고 늘어지는 문 정권의 비상식적인 행위는 정말로 이해가 되지 않는다. 지금 이 순간에도 한 번도 경험해보지 못한 나라가 계속되고 있다. 문통은 취임 초에 인사청탁을 하다 걸리면 패가망신시키겠다고 엄포를 놓았다.

과연 그러한가. 처음부터 임기 말까지 낙하산 보은 인사가 판을 쳤다. 임기 막바지에도 알박기에 여념이 없다. 공기업, 공공기관, 해외공관장까지 내리꽂고 있다. 심지어 후일을 담보 받기 위해 감사위원까지 심으려고 혈안이 되고 있다. 참으로 염치없는 정권이다. 사람이 죽으려면 환장부터 먼저 한다는데, 뭔가를 예감하고 있는 것은 아닌지.

세계에서 까치밥이 있는 나라는 우리나라뿐이다. 문 정권의 이런 짓거리를 보는 까치는 과연 무엇이라 할까. 예의, 염치없는 인간들의 말로는 험하다고 하지 않을까. 감나무나 사과나무에 달린 과일을 다 따지 않고 남겨두는 것을 까치밥이라고 한다. 우리는 겨울철을 나야 하는 미물 짐승들까지도 배려하는 따뜻한 마음씨를 가진 민족이다. 까치밥을 보고 감탄한 노벨문학상 수상자 '펄 벅(Pearl Buck) 여사'의 일화는 유명하다.

길을 지나다가 감나무 꼭대기에 대롱대롱 매달린 감을 보고 펄 벅 여사는 통역에게 물었다. "저 높이 있는 감은 따기 힘들어서 그냥 남긴 건가요"라고 묻자 통역은 "아니다. 까치밥"이라고 했다. "먹이를 구하기 힘든 겨울새들이 먹을 수 있게 남겨둔 것"이라고 하자, 펄 벅 여사는 이 말에 감동하여 "내가 한국에 와서 보고자 했던 것은 고적이나 왕릉이 아니었다. 이것 하나만으로도 나는 한국에 잘 왔다"라고 하며 감동의 탄성을 연발했다고 한다.

펄 벅 여사는 "한국은 고상한 민족이 사는 보석 같은 나라"라고 극찬했다고 한다. 이처럼 우리는 겨울새들을 걱정하면서까지 까치밥을 남겨두는 정이 많은 민족이며 예의와 염치를 최고의 가치로 삼고 있다. 그런데 문 정권은 어떤가. 까치밥도 모르는 후안무치한 집단들이다. 펄 벅 여사가 이 사실을 알면 무엇이라 할까. 개돼지만도 못한 인간들이라고 일갈하지 않을까. 이런 염치 없는 짓거리를 하니까 정권교체를 당하지 않았느냐고 하면서 고소하다고 하지 않을까.

우리 민족은 까치밥만 있는 것이 아니다. 물꼬를 보면 얼마나 남을 배려하는지를 알 수 있다. 물꼬를 7부 정도로 해서 아래 논으로 물이 항상 넘어가게 한다. 가득 채우면 논두렁이 터지게 되고 아래 논이 마를 것을 걱정했다. 배려를 모르고 마지막까지 알박기하는 문 정권의 미래는 뻔할 뻔 자다. 전부 다 그 나물에 그 밥들이다. 끝없는 욕심의 끝자락이 보이는 날이 머지않았다고 생각한다. 죽어봐야 저승을 안다고 적폐 청산이 답할 것이다.

소학(小學)에 인상교득채근 즉백사불성(人常咬得菜根 則百事不成)이라 했다. 즉, 사람이 언제나 나무뿌리를 씹으면 모든 일을 이룬다고 했다. 지금 문 정권은 나무뿌리를 씹고 있는지 한 번 되돌아보길 바란다. 까치밥까지 싹쓸이하는 이런 염치 없는 정권은 처음 본다. 인과응보를 무서워하지 않는 정권도 처음 본다. 마치 승복하지 않는 싸움닭을 보는 것과 같은 느낌이다.

필자는 무엇을 팔아서라도 윤석열 대통령 취임식 기념으로 문 정권의 사람들을 모두 경북 청도에 있는 투우장에 초대할 작정이다. 소는 싸움하다가 힘에 부치면 '걸음아 나 살려라' 하고 줄행랑을 친다. 이긴 소는 더 이상 들이받지 않고 허연 이빨을 드러내고 하늘을 보면서 승리를 만끽한다. 싸움에 진 소는 더 이상 이의나 시비를 걸지 않는다. 필자는 문 정권자들에게 이것을 가르치고 싶다.

아무리 힘센 소도 약점이 있다. 코뚜레를 하면 꼼짝달싹도 못하게 할 수 있다. 적폐 수사가 코뚜레 역할을 하리라 본다. 싸움에 지면 일단 승복하는 것이 진정한 용기다. 승복하지 않거나 욕망을 거두지 않고 오기나 객기를 부리면 정말로 패가망신한다. 또는 눈앞은 가시덤불이요 천 길 낭떠러지뿐이다.

"귀신같은 책략으로 천문을 연구하고 기묘한 계산으로 지리를 통달하였도다. 싸워서 이긴 공이 이미 높았으니 만족함을 그치기 바라노라"고 을지문덕 장군이 우문술에게 보낸 이 시는 까치밥까지 싹쓸이하는 문 정권에게 "딱"이지 않을까.

출처 : 시사매거진(https://www.sisamagazine.co.kr)

국민의 힘에는 왜?
메기도 없고 논개도 없나.

2022.08.03. 10:29

우리 선조들은 옥동자가 태어나면 부정을 탈까 봐 금줄을 치고 무병장수하기를 삼신할매에게 빌고 또 빌었다. 100일을 넘기면 살아날 확률이 높다고 100일상을 차리고 100일에 대한 의미를 부여했다. 얼마나 지혜로운가.

그리고 돌이 되면 이제 사람이 되겠다고 안도하면서 성대한 돌잔치를 벌인다. 돌상에 연필, 실, 지폐 등을 차려놓고 아이의 미래를 점친다. 1년을 기다리는 지혜, 이것이 우리의 미덕이 아닌가.

그런데 지금 이 나라는 어떤가?

윤석열 대통령은 전 국민의 기대 속에 태어난 옥동자다. 오는 8월 17일이 100일이 된다. 돌잔치가 아니라 최소한 이 100일 동안만이라도 야당은 조건 없이 지켜주고 돌보아 주어야 할 허니문 기간이 아닌가.

하지만 금줄을 끊어버리고 아무런 면역력이 없는 옥동자에게 바이러스를 전파하고 발목잡기에 혈안이다.

나라를 망친 자들이 반성은 하지 않고 깽판을 쳐도 되겠는가.

여기에 성상납의혹으로 당원권까지 정지당한 이준석은 어떤 가. 자중하지 않고 하루가 멀다 않고 내부총질이나 하고 전국을 돌아다니면서 구정물이나 일으키고 있고, 취임식 잉크도 마르지 않은 마당에 김민석 같은 인간은 탄핵 공갈을 쳐도 국민의 힘 의원들은 점잖만(?) 빼고 윤대통령의 총알받이도 하지 못하는데 이 일을 어찌할꼬.

도둑보고 짓지 않고 물지도 않는 개는 보신탕집으로 직행하는 것이 답이 아닐까?

이런 실정인데도 윤 대통령의 지지율이 폭락하지 않는 것이 더 이상하지 않을까? 취임 100일 만에 윤 대통령 지지율이 20%대로 떨어진 원인이야 많다. 그렇지만 필자는 이것은 국민의 힘, 그것도 여당 국회의원들이 자초했다고 본다.

자고로 한 나라가 망하는 것은 외부 침입보다 내부 분란 때문이라는 것은 역사에서 그 교훈을 얻을 수 있지 않은가.

대선 때뿐만 아니라 윤 대통령 정부 출범 이후에도 내부총질만 해대면서 온 나라를 흙탕물을 만드는 미꾸라지 같은 이준석은 지지율 폭락의 일등 공신 감이다.

문제는 이런 미꾸라지 같은 인간에게 "찍" 소리 못하는 여당 의원들이 더 문제다.

이준석의 눈 밖에 나면 차기 공천에 쥐약이 된다고 걱정하나. 왜 국민의 힘에는 미꾸라지는 잡아먹는 메기가 없나.

차기 공천에 눈이 멀어 양다리 걸치기를 하는 무능한 여당 국회의원들도 지지율 폭락에 한몫하고 있다고 해도 지나침이 있을까. 때리는 시어머니보다 말리는 시누이가 더 밉다고 야당도 밉지만 국힘의 국회의원들이 더 얄밉다.

취임 잉크도 마르지 않았는데 김민석 의원 등이 탄핵이란 말을 꺼내도 꿀 먹은 벙어리처럼 침묵하고 있는 여당의원들은 참으로 가관이다.

벌통에 말벌이 침입하면 일벌들은 꿀과 여왕벌을 지키기 위해 목숨을 건 전쟁을 한다.

이렇게 생사를 거는 일벌들은 보리자루 꿔 놓은 것 같은 여당의 국회의원들을 보고 무엇이라 말할까?

말벌이 공격해도 뒷짐만 지고 여왕벌이나 탐하면서 꿀이나 축내는 비겁한 숫벌 같은 것들이라고 욕하지 않을까. 그래서 양봉업자들은 번식에 필요한 일정한 숫벌 이외에는 사정없이 잡아 죽인다.

국민들은 이런 숫벌들을 처단할 날을 기다리고 있음을 잊지 말아야 할 것이다.

왜? 국민의 힘 국회의원들은 탄핵을 꺼내고 촛불시위를 부추기는 김민석 같은 인간을 껴안고 산화하는 논개와 같은 국회의원이 한 명도 없단 말인가.

왜장을 껴안고 진주 남강 촉석루에서 목숨을 던진 논개의 '머저리 같은 인간들'이라고 호통치는 소리가 들리지 않는다는 말인가.

지난 대선 때 윤 대통령 당선을 위해 혼신을 다바친 국회의원들은 몇 명이나 될까? 이런 작자들이 차기 공천을 담보받기 위해 지난 6. 1 지방선거 공천 때 공정했는가.

함량미달이라도 자기 사람 심기에 혈안이 된 막장 공천도 지지율 하락에 부채질하고 있지 않은가.

막장 공천에 피눈물을 흘리고 있는 선량들의 이빨을 가는 소리가 들리지 않는가.

여자가 한을 품으면 오뉴월에도 서리가 내린다고 하듯이 이들의 한들이 지지율 하락에 미치는 영향이 얼마나 큰 지를 복기나 한 번 해 보았는지.

또 있다. 윤석열 대통령을 상사병 걸린 사람들처럼 짝사랑했던 사조직들이 인정받지 못하고 토사구팽 당했다고 적으로 돌아서 있는데 지지율이 올라갈까.

국민들이 정권교체에 목숨을 건 이유는 또 무엇인가.

5년 동안 나라를 망친 문 정권의 적폐 청산으로 법과 원칙이 통하고 공정하고 정의롭고 상식이 통하는 세상을 목말라하는 민초들의 한을 풀어주는 일이다.

노통때는 노빠가 있었고, 문통은 문빠와 대깨문 호남의 콘크리트 지지층, 강시와 같은 이재명에게는 개딸들이 지지율을 받쳐주고 있는데 윤 대통령은 무엇이 있는가 말이다. 하루빨리 윤빠를 만들고 콘크리트와 같은 지지층을 만들어야한다.

필자는 지역 갈등을 조장하는 것이 아니다. 안정적인 국정운영을 위해서는 절대적으로 필요하기 때문이다.

대구·경북에서 콘크리트 지지층을 만들고 영남권을 아우르는 콘크리트 지지층을 만들어야 한다.

문통이 망친 나라를 다시 일으켜 세우는데는 민족중흥의 기수 박정희 대통령의 모델을 삼아 윤석열 대통령은 제2민족중흥의 깃발을 높이 들고 민생경제에 올인해야 한다.

집나간 집토끼들을 잡아와야 한다.

정권교체에 목숨을 걸었던 국민들의 마음을 다시 사로잡아야 한다. 나라를 망치고도 퇴임하는 날까지 40%의 지지율을 유지했던 문통의 지지율을 반면교사로 삼아야한다.

필자는 윤 대통령과 윤 정부의 성공의 비결을 천기누설한다. 간단하다. 거꾸로 타는 보일러와 같이 문통이 한 짓거리들을 거꾸로만 하면 역사에 남는 대통령이 될 것이라 확신한다.

지지율이 떨어졌다고 나라의 미래를 걱정하는 사람이 많지만 걱정하지 않아도 된다. 취임식 때 뜬 영롱한 오색무지개가 윤 대통령의 앞날을 예시하지 않았는가. 이것은 미신이 아니다.

고려 때 부왕의 궁녀를 취한 충선왕의 패륜을 지적하면서 내 말에 한 치의 잘못이 있다면 이 도끼로 내 머리를 쳐라고 간언한 우탁(禹託) 같은 충신과 고구려 고국천왕은 안유에게 국상을 맡으라고 했다.

하지만 안유는 이를 거절하고 을파소를 천거했다. 일개 농사꾼에 불과하지만 저보다 "을파소" 가 낫다고 천거한 안유와 같은 충신들을 옆에 많이 둔다면 성공한 윤정부를 만들지 못할 이유가 없지 않겠는가. 을파소가 누군가. 삼국사기에도 등재된 명재상이다.

지금 윤 대통령에게는 솔로몬의 지혜가 필요할 때다.

〈대전 투데이〉

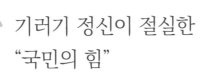

기러기 정신이 절실한
"국민의 힘"

2023.04.16 18:39

우리는 역사에서 내분의 씨앗이 크게는 나라를 망하게 했다는 교훈을 잊고 있다. 그 대표적인 것이 중원을 호령했던 고구려다. 천하의 당 태종 이세민을 굴복시켰던 고구려가 연개소문 아들들의 집안싸움으로 망한 사실은 오늘날 국민의 힘에도 예외가 아니다. 지금 국민의 힘은 어떤가. 참으로 가관이다. 미꾸라지같이 흙탕물이나 일으키고 분탕질만 했던 이준석을 벌써 잊었는가.

김기현 의원이 당 대표가 된 지도 이제 겨우 한 달이 지나고 있는데 벌써 흔들기에 혀를 내두를 지경이다. 당 대표 당선 잉크도 마르지 않았는데 비대위를 구성해야 한다고 흔드는 소리는 웬 말인가. 벌써 흔들고 찍고 야단법석이다. 자책골을 쏘고 있다.

감 놔라 배 놔라 하지 말고 지켜봄이 도리가 아닐까. 사공이 많으면 배가 산으로 간다는 속담을 되새겨야 할 것이다. 일사불

란하게 움직여도 부족한 판에 지금 훈수꾼이 많은 국민의 힘은 비정상적이다. 지금 김기현 대표의 리더쉽을 속단하는 것은 위험한 발상이다. 김기현 당 대표는 그렇게 만만한 사람이 아니다.

외모상 곱상하게 생겨 유약하게 보이지만 속이 꽉 찬 장부다. 필자는 김기현 당 대표를 두둔하려고 하는 것이 아니다. 시간을 두고 보면 알 일이다.

지금은 문재인이 싸놓은 오물들을 청소해서 악취가 나지 않게 해야 하는 개혁의 기치를 올려야 할 골든타임의 절박한 시기다.

그런데도 집안싸움 하는 소리만 들리니 참으로 한심하기 짝이 없다. 내년 총선에 지게 되면 어떻게 될까. 그 불행은 국민의 몫이 될 것은 불문가지다. 이러한 절박함이 없는 국민의 힘에는 미래가 있을까. 참으로 걱정이다. 지금 국민의 힘에는 기러기 정신이 필요하다. 구만리 장천을 날아가는 기러기를 보라. 대오가 흐트러지는가. 질서정연하다. 길잡이는 한 마리다. 길잡이가 이끄는 데로 날아간다. 길잡이가 힘이 빠지면 다른 길잡이가 교대로 무리를 이끈다. 이런 과정에 다툼이 없다. 이것을 국민의 힘은 본받아야 한다.

"맨날 저거는 고기만 믹고"라고 하는 어느 한 스님의 말과 같이 눈만 뜨면 견원지간 같은 꼴불견에 국민은 식상해 있다. 흥사단의 당기는 기러기다. 기러기를 가장 사랑하고 기러기 정신으로 평생 살아온 도산 안창호 선생은 자중지란에 빠진 국민의 힘을 보고 무엇이라 할까 참으로 두렵다. 윤석열 정부의 성공은 곧 국민의 행복이라는 대명제를 잊어서는 안 된다.

지금 여당은 호기를 맞고 있다. 윤 정부를 열심히 돕고(?)있는 이재명, 야당 대표선거에 쥐약을 먹고 비실거리는 수십 명의 야당 의원들. 호재가 한둘이 아니다. 그런데 이 호재를 살리기는 커녕 집안싸움에 여념이 없다.

이런 호재에 대한 불씨를 살려 삼천리강산을 활활 태우면 내년 총선을 걱정할 필요가 있을까. 어떻게 손에 쥐여 준 떡도 못 먹는 국민의 힘은 또다시 역사의 단두대에 올려야만 정신을 차릴 것인가. 하늘이 국민의 힘을 도와주고 있는데 당내 분란으로 왜 굴러온 복을 차버리고 있는가. 이제 정신 차려야 한다. 이 차제에 당 로고와 당기도 기러기로 바꾸면 어떨까. 국민의 힘은 기러기 정신이 없다. 미래가 없다고 단언한다.

제2의 이준석, 제3의 이준석이 돌출하여 자중지란을 일으키면 내년 총선은 빨간불이다. 이제 누구든 자기 정치를 하는 사람은 단죄해야 한다. 김기현 당 대표를 중심으로 똘똘 뭉쳐야 한다. 이것은 윤 정부의 밑거름이 되기 때문이다.

윤석열 대통령을 성공시키지 못하면 역사의 죄인이 된다는 것을 명심해야만 한다. 필자가 아는 김기현 당 대표는 만만하지 않은 인물이다. 보기에는 곱상하게 생겨 유약해 보이지만 전형적인 외유내강형의 강골이다. 원칙에는 부러질지언정 굽히지 않는 철학을 가진 인물이다. 당 대표에게 힘을 실어주어야만 국민의 힘은 미래가 보장된다. 고구려 고국천왕 때 국상(國相)을 지냈던 "을파소"는 삼국유사에도 나오는 명재상이다. 왕에게 을파소를 추천한 사람은 안유다. 안유는 자신에게 국상을 맡으라고 했지만 사양하고 자신보다 뛰어난 인물이라고 을파소를 추천했다.

그 당시 을파소는 농사를 짓는 꾀죄죄한 촌부(村夫)였다. 왕은 볼품없는 을파소를 보고 크게 실망했다.

하지만 을파소는 큰소리쳤다. 자신에게 국상(國相)을 맡겨주지 않으면 어떤 직도 사양한다고 했다. 국상은 요즘의 일인지하 만인지상의 국무총리 격이다. 그 기개에 놀란 왕은 얼떨결에 을파소에게 국상을 맡겼다.

이것은 을파소의 단면을 들었는데 항간에는 약해 보인다고 김기현 대표를 얕잡아보고 흔들기에 여념이 없다. 그렇게도 김기현 당 대표가 만만해 보이는가.

큰코다칠 일이다. 이번에 홍준표 시장을 상임고문에서 전격적으로 해촉한 것은 김 대표의 진면목이라 할 수 있다. 필자는 을파소와 같은 인물이 김기현 당 대표라고 확신한다. 그것은 지금까지 김기현 당 대표의 면면을 보아왔기 때문이다. 이제 국민의힘에는 깎아내리는 사람보다 안유와 같은 사람이 절실할 때다.

사공이 많으면 배가 산으로 간다는 속담을 되새김질할 필요가 있는 것이 바로 국민의 힘 국회의원들과 당원들이다. 눈치보기에만 이골이 나 있고 야당을 공격하는 야성을 가진 국회의원들이 없는 국민의 힘은 깊이 성찰해야 한다. 기러기와 같이 대오를 이탈하지 말고 윤석열 대통령과 함께 비상하는 국민의힘을 기대한다. 이것이 국민의 소망이고 명령이다. 국민의 힘은 기러기를 신줏단지처럼 모시는 것이 내년 총선 승리의 보증서가 될 것이다.

출처 : 대전투데이(http://www.daejeontoday.com)

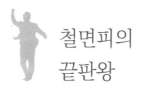

철면피의
끝판왕

순리(順理)는 우주법계(宇宙法界)의 질서(秩序)이다. 순천자는 흥하고, 역천자는 망한다는 것을 인과응보와 역사는 우리 인간들에게 가르치고 있다.

그런데 문재인과 그 수하들은 하나같이 소귀에 경 읽기다. 문재인 정부 때 임명된 알박기 기관장들의 버티기는 기네스북감이다.

새 술은 새 부대에 담는 것은 보편적 상식이다. 윤 정부가 출범한 지도 벌써 7개월이나 된다. 문제인 때 임명받은 정무직들은 임기가 남아있더라도 스스로 물러나 윤 대통령과 호흡을 맞출 수 있도록 자리를 비켜줘야 하지 않을까.

그 나물에 그 밥이라고 나라를 망친 문재인은 임기가 끝나는 그 날까지도 자신들의 수족들을 알박기나 하고 그 졸개들에게 버티기에 들어가 윤 대통령의 발목을 잡으라고 훈수 두는 짓을 해도 된다는 말인가. 마음을 잘 써야 복을 받지, 이리 고약한 심보(心寶)는 또 다른 문재인의 운명이 될 것이라고 확신한다.

귀신도 눈멀었다고 하듯이 왜 이런 인간들을 잡아가지 않는지 필자는 특히 문재인 졸개 중에서도 후안무치한 전현희를 잡아가지 않는다고 저승사자(使者)에게 원망한 것이 한두 번이 아니다. 악담하는 것이 아니다. 나라 걱정 때문이다.

필자가 버티기를 하는 인간말종 중에서도 전현희를 유독 타겟으로 하는 이유가 있다. 권익위는 말 그대로 국민의 권익을 최우선으로 여기는 곳이다. 하지만 전현희는 오히려 국민이 걱정하도록 하는 철면피로 전락했기 때문이다.

서해 공무원 피살사건에서도 유권해석을 거부하고, 2019년 탈북 선원들의 강제북송 사건 때도 입장표명을 거부했으며, 국민의 힘 부동산 투기 전수조사 참여 논란, 추미애 아들 사건 관련 판단 논란, 감사원에 제보한 직원에 대한 고발 등 수 없는 엇박자를 놓은 것도 권익위원장의 업무인가.

이런 인간이 권익위원장의 자격이 있는가 말이다. 끝까지 문재인이 저질러 놓은 잘못을 덮어주는 일을 하는 인간을 왜 저승사자는 잡아가지 않느냐고 항의하는 것이 틀린 말인가.

맨날 대낮에도 사람 같은 사람을 찾는다고 등불을 켜고 다닌 소크라테스의 그 심정을 이제야 알만하다.

권익위의 위원장은 가장 공명정대한 사람만이 맡을 자격이 있다. 전현희는 공명정대한 인간일까. 문재인이 싸놓은 구린내 나는 똥물을 치우는 청소부, 환경미화원 일을 하는 인간을 권익위 위원장이라고 할 수 있을까. 당장 끌어내어야 하지 않을까. 아직도 임기가 남았다고 버티기를 하는 전현희는 철면피의 끝판왕이라 단언한다.

권익위의 근거법인 부패방지 및 국민권익위원회 법 제16조 1항에는"권익위는 업무를 독립적으로 수행한다"라고 명시하고 있고, 제16조 3항에는 "금고 이상의 형, 심신장애, 정당의 당원 등의 사유가 아닌 한 본인의 의사에 반하여 해촉되지 않는다"고 신분보장을 하고 있다.

하지만 임기가 한참 남았다고 하더라도 새로운 대통령이 손발을 맞추어 국정 수행을 잘 할 수 있도록 자리를 비켜주는 것이 도리가 아니겠는가. 아직도 임기 타령이나 하면서 문재인의 환경미화원 역할이나 하다니 참으로 기가 찬 일이다.

사람이 짐승과 다른 점은 예의와 염치가 있기 때문이다. 예의나 염치가 없는 후안무치한 전현희는 인간인가, 짐승인가.

필자는 가진 것은 없지만 뭣을 팔아서라도 전현희를 아프리카 초원에 뛰어노는 냉수들의 세계에 데리고 가서 연수교육을 시키고 싶다. 맹수의 제왕인 사자도 새로운 강자가 나타나면 아무런 이유도 없이 스스로 사자무리에서 조용히 떠나 자리를 비워준다. 제왕의 자리를 차지한 사자는 씨가 다른 사자 새끼들을 물어 죽여 후환을 없앤다. 이것이 자연의 질서다.

이런 것도 모르는 인간이 눈을 가리는 큰 감투를 쓰고 있으니 앞이 보이는 것이 없는 것이 문제다. 전현희가 얼굴에 깐 철판의 무게가 너무 나가 탑승이 가능할지 걱정이다. 이 문제가 해결된다면 내일이라도 당장 연수교육을 시킬 작정이다. 인간을 만들어야 한다. 권익위원장 이전에 먼저 인간이 되어야지.

철판 깐 철면피, 후안무치한 전현희의 얼굴 무게는 얼마나 나갈까. 과연, 측정할 수 있는 저울은 있을까?

출처 : 대전투데이(http://www.daejeontoday.com)

나경원, 논개가 되고 심청이가 되어 인당수에 몸을 던져라

장기를 두다가 외통수에 걸리면 길이 없다. 빨리 장군을 던지고 백기를 들어 진 것을 인정하는 것이 장기의 도다. 살아보겠다고 시간을 끌면서 발버둥 치는 것보다 더 추한 것이 없다. 이것은 죽은 자식 뭐(?) 만지기와 같다.

외통수에 걸린 나 전 부위원장(저출산고령화사회위원회)도 예외가 아니다. "당 대표" 도전을 포기하는 것이 정도다. 저출산 문제와 고령화는 시대의 화두(話頭)다. 300년 후에는 대한민국이 세계 지도상에서 사라진다는 인구절벽의 시대, 저출산 문제는 지상과제다.

만약, 이 문제를 해결할 수 있는 비결을 찾는다면 나 전 부위원장은 역사에 남을 위인이 될 수 있을 텐데 너무 안타깝다. 당대표가 무엇이 그렇게 중요한가. 나라의 백년대계를 걱정하는 것이 중요한가. 기껏해야 2년짜리 당 대표에 왜 목숨을 거는가. 욕심이 과하고 눈이 멀어도 너무 멀었다. 사람이 죽으려면 환장부터 하는데 나 전 부위원장은 죽으려고 환장했는가.

정말로 과유불급(過猶不及)이다. 욕심이 많으면 식물(食物)을 감한다고 하지 않는가. 죽는지도 모르고 불빛만 보고 날아드는 불나비와 같은 나 전 부위원장이 너무나 안쓰럽다. 옛날의 화초 같은 청순함을 어디 가고 요괴스러운 인상에 정나미가 떨어진다. 저출산고령화사회 부위원장에서 해임됐으면 속죄하면서 또 다른 부름을 받을 때까지 자숙하고 있어야 하지 않을까.

무엇이라고, 해임은 윤 대통령의 뜻이 아니고 주위 참모들의 이간질 때문이라고, 옥석을 가리지 못하는 무능한 대통령으로 치부하는 망언은 간이 배 밖에 나오지 않으면 할 수 없는 말이지 않은가. 참으로 아전인수(我田引水) 격이다. 처녀가 아이를 낳아도 할 말이 있다고 나 전 부위원장은 아이 밴 처녀 같다.

지금 이 나라는 어떤 처지인가. 좌파가 득세하고 빨갱이가 판치는 나라, 공정과 상식, 정의는 신기루가 된 지 오래고 법과 원칙이 무너진 풍전등화와 같은 나라가 아닌가. 거렁뱅이 아버지가 홍수가 나서 사람들이 허겁지겁하는 것을 보고 아들에게 너는 아무 것도 하지 않고 이렇게 편하게 있는 것이 전부 아부지 덕이라고 하듯이 우리 국민들이 겪는 고통은 문재인의 덕(?)이 아닐까.

이런 위기의 나라에 또 다시 분탕길로 나서고 보수를 양분시키는 나 전 부위원장은 때리는 시어머니보다 말리는 시누이가 더 밉다고 정말로 밉기 그지없다. 필자는 외람되지만 나경원 전 부위원장은 "국민의힘" 당 대표가 될 자격이 없다고 단언한다. 분탕질의 명수 이준석의 길로 가려고 하나. 이준석 하나만으로 족하다.

차기 당 대표는 윤 대통령과 하모니를 이룰 사람이 당 대표가 되어야만 한다. 이것이 시대정신이다. 소학(小學)에 "사람이 언제나 풀뿌리를 씹으면 모든 일을 이룬다(人常能咬菜根卽百事可成)"고 했다. 꽃길만 걸어온 나 전 부위원장은 꼽씹어볼 대목이 아닌가.

나 전 부위원장은 당 대표의 운이 있는지 점쟁이 등 용한데 가서 묻지 말고 "너 자신을 알라"고 한 소크라테스에게 먼저 물어보라. "귀신같은 책략으로 천문을 연구하고 기묘한 계산으로 지리를 통달하였도다. 싸워서 이긴 공이 이미 높았으니 만족함을 그치기 바라노라"고 우문술에게 을지문덕 장군이 보낸 이 유명한 시 한 수를 설 명절 선물로 전하고 싶다.

이 사찰, 저 사찰 다니면서 대선급 흉내를 내지 말고 "딱" 한 군데 가서 자신을 돌아볼 곳이 있다. 그것은 다름 아닌 진주 남강에 있는 논개 사당과 논개의 구국충절이 서려 있는 진주 남강 촉석루다. 논개는 누군가. 손가락마다 반지를 끼고 왜장을 껴안고 촉석루에서 산화한 구국의 화신이 아닌가. 일개 기녀에 불과했지만 사당에 배향되어 천추만대로 추앙받는 위인이 아닌가.

나라를 구하기 위해 구국일념의 윤 대통령을 위해, 나라의 앞날을 위해 당 대표에 눈이 멀어 우왕좌왕하지 말고, 나라를 갈라치기를 하고 나라를 망친 문재인, 분탕질의 명수 이준석, 내부총질로 여념이 없는 입만 살아있는 배신의 아이콘 유승민, 귀를 즐겁게 하는 이간질의 명수 박지원과 늙은 영감탱이도 끌어안고 논개의 길을 가라. 그리고 심 봉사를 위해 인당수에 몸을 던진 심청이의 길로 가시라. 이것이 나 전 부위원장이 환생할 수 있는 첩경의 길이라는 것을 명심하시라.

[컬럼] 나경원의 환생....
잔 다르크가 될 것인가(?)

[月刊시사우리] 인류 역사상 가장 오래 치른 전쟁은 프랑스와 영국이 치른 그 유명한 백년전쟁이다. 이 전쟁은 끝없는 인간 욕심의 산물이다.

1337년 왕위 계승권을 놓고 치른 전쟁은 1453년에야 끝났다. 무려 116년간이다.

이 전쟁을 끝낸 사람은 남성이 아닌 여성이다. 그것은 16세의 처녀인 성녀 잔 다르크다. 잔 다르크는 16세 때 천사의 계시를 받고 이 전쟁에 뛰어들어 기적 같은 승리를 쟁취하고 샤를 7세를 즉위시켰다. 하지만 오히려 마녀로 몰려 19세의 꽃다운 나이로 화형을 당했다. 그러나 3년 뒤 1456년에 복권된 성녀이다.

필자는 평소 나경원 전 저출산고령화사회 부위원장을 잔 다르크와 같은 성녀라고 생각했다. 원내 대표 시절 국회 복도에서 뒹굴면서 몸부림치던 투사의 모습이 지금도 뇌리에 남아있다.

그런데 임명 잉크도 채 마르지도 않았는데 느닷없이 당 대표에

군침을 흘리는 것을 보고 잔 다르크가 아니고 악녀라고 생각했다.

이 절 저 절 다니면서 대선급 흉내를 내는 것을 보고 눈에 쥐가 날 지경이었다. 그래서 대선급 흉내나 내지 말고 진주 논개 사당에 가서 참배나 하고 참회하라고 충고했다.

논개는 촉석루에서 왜장을 껴안고 살신성인한 만고 충신이다. 논개가 왜장을 껴안고 죽을 때의 비장함은 고개를 숙연하게 한다.

열 손가락에 반지를 끼고 왜장이 자신의 손에서 빠지지 않게 한 후 산화한 논개의 길을 걸으라고 했다.

나라를 망친 문재인과 그 졸개들, 내부총질의 명수, 분탕질 꾼 이준석, 입만 살아있는 배신의 아이콘 유승민을 껴안고 구국의 강에 몸을 던져 죽으라고 했다.

다행히 정신 줄을 놓고 오락가락하던 나경원 전 부위원장이 당 대표 출마를 접는다고 발표한 후 얼마 지나지 않아 김기현 후보와 손을 맞잡는 것을 보고 잔 다르크로 환생할 수 있겠다고 생각했다.

나경원 전 부위원장이 세상을 시끄럽게 할 때 윤석열 대통령의 검찰총장 시절부터 대통령 만들기에 나섰던 필자에게 "우왕좌왕하는 나경원 전 부위원장이 당 대표로 나올 것인지, 당 대표 불출마 선언 후 안철수와 손잡을 수도 있지 않을까" 걱정하는 문의를 많이 받았다.

그때 필자는 "나경원은 열기를 더 받아야 할 미완성의 그릇이고 아직은 배포가 작기 때문에 출마하지 않을 것이다. 나경원은 송충이다. 송충이는 솔잎을 먹지 잡목나무 잎은 절대로 먹지 않는다"고 했다.

"소나무는 김기현 후보고 안철수는 잡목이다. 그러므로 송충이인 나경원은 김기현 후보의 편을 들 수밖에 없을 것이다"라고 장담했다.

또한, 김기현 후보가 5% 미만의 바닥을 헤매는 지지율일 때 당 대표가 된다고 했다. 이렇게 큰소리를 친 것은 윤 대통령이 가진 모범답안지를 훔쳐(?)봤기 때문이다.

우연의 일치인지 몰라도 선견지명이 하나도 없지만, 또다시 예언(?)이 적중하자 예언가 같다고 추켜세우는 소리는 귀에 거슬리지 않는다.

신통력이 있어서가 아니라 보편적인 상식에 근거해서 보면 누구나 알 수 있는 대목이다. 필자는 나경원 못지않게 한때 안철수도 좋아했다.

하지만 지난 20일 "자충수를 둔 안철수의 운명"이란 칼럼을 쓰면서 욕심만 앞서는 안철수에 대한 미련을 철수했다.

아름드리나무도 뿌리내리는 것부터 배웠고 굴러온 돌이 박힌 돌을 뺀 일은 없다. 뿌리가 전무 한 부평초와 같은 안철수는 이것을 생략하고 털도 안 뽑고 털째로 먹으려고 하는 것을 보고 글러 먹었다고 손절했다.

이것은 문재인의 운명이 아니라 안철수의 운명이다. 두고두고 후회할 것이라 사료된다.

특히 "잔 다르크가 위기에 처한 프랑스를 구했듯이 나경원 전 부위원장이 잔 다르크로 환생한다면 어떻게 될까? "도 했다.

말이 씨가 된다고 이것이 현실이 되고 있다.

대구 전당대회에서 나 전 부위원장이 김기현 후보 지지 선언을 한다면 모든 상황을 종료시키는 쐐기가 될 것이라고 기대가 된다. 이것은 나 전 부위원장의 화려한 부활을 쏘는 축포가 될 것이다.

환생을 준비하는 나경원 전 부위원장은 한때의 방황이 자신을 키우고 되돌아보게 하는 보약이 되고 더 큰 정치인으로 도약하는 기회가 될 것이다.

또다시 안타깝게도 철수의 길을 가야 할 안철수의 운명, 이번 기회에 정치 인생을 복기하는 시간이 되기를 바란다.

이것이 마지막으로 두는 훈수다.

[컬럼] 황교안·안철수·천하람은 면장감이라도 되나(?)

[시사우리신문] 잔칫집에는 항상 진상이 깽판을 치듯이 축제의 장이 되어야 할 국민의 힘 전당대회도 예외가 아니다. 양아치 같은 진상들이 깽판을 치고 있어 특단의 대책이 요구된다. 비전과 정책은 실종되고 김기현 후보의 약점 잡기에 혈안이 된 전당대회는 금도를 넘었다.

진상들은 누굴까? 진상의 두목은 황교안이고 부두목은 안철수, 행동대원은 천하람이다.

황교안은 누구인가? 무소불위의 검사. 법무부 장관, 최순실의 국정농단을 방기하여 박근혜 전 대통령의 탄핵을 막지 못한 무능함의 딱지가 붙은 국무총리, 대통령 권한대행, 당 대표까지 한 꽃길만을 걸어온 세상 물정 모르는 사람이다.

그런데 웃기는 것은 대통령 권한대행을 한 것을 큰 자랑으로 여기고 수캐 뭐 자랑하듯이 하는 점이다. 자신이 모시던 대통령이 탄핵당해서 쫓겨난 자리를 꿰찼다고 뭐가 그렇게 자랑스러운가.

전당대회 연설을 하면서 자신만큼 스펙이 좋은 후보는 없다는 말에 실소를 금치 못할 일이다.

맛이 가도 한참 갔다고 아니 할 수 없다. 맛이 가면 버리는 법, 아까워서 먹으면 식중독에 걸리듯이 이런 소인배는 빨리 버려야 할 쓰레기라고 사료된다.

오늘의 여소야대를 만든 장본인은 누구인가. 개혁공천을 하지 않고 배신자와 야합하여 나눠먹기식 공천으로 역풍을 맞게 한 사람이 무슨 할 말이 그렇게도 많은가. 처녀가 아이를 배도 할 말이 있다고 하듯이 나라를 망치게 한 책임이 수미산보다도 많은 작자가 아직도 할 말이 있다는 말인가.

알아야 면장질도 한다고 하듯이 김기현 후보의 부동산에 의혹을 제기하는 것을 보고 두손 두발 다 들었다.

황교안은 면장감도 못 된다. 역시 이유도 모르고 덩달아 짖어온 동네를 시끄럽게 하는 똥개와 같은 안철수, 천하람은 부면장감도 못 된다고 단언한다. 그 나물에 그 밥이다.

그 이유는 세상 물정을 하나도 모르는 당달봉사와 같기 때문이다. 세상천지에 터널이 뚫리는 부동산이 땅값이 오른다고 하는 것은 들어보지도 못했다.

전국에는 터널 뚫린 임야가 수도 없다. 이들 소유자는 떼부자가 되었는가.

길도 없는 맹지에 그것도 25도 경사지에 투기하는 사람은 속된 말로 골빈 사람들이나 하는 짓이다.

특히 그린벨트보다 더 취약인 것은 바로 상수도보호 구역이다. 천년만년 가도 상수도보호 구역은 개발이 제한된다. 여기에 철탑이 있고 고압선이 지나가는 임야에 투기할 사람은 없다.

울산 KTX 역사 인근에 있는 김기현 후보의 임야는 앞서 거론한 투기를 외면하는 모든 악조건을 갖춘 부동산이다.

그런데도 황교안은 김 후보가 노선변경을 해서 터널이 지나가도록 함으로 인해 김기현 후보가 1,800배의 시세차익을 보게되었다고 혹세무민하고 있다.

후보 사퇴를 하라고 코미디극도 연출하고 있는데 이렇게 무지한 사람이 당 대표를 할 자격이 있을까? 또다시 나라와 당을 망치려고 작정한 요물이 아닐까 사료된다.

똥개 한 마리가 짖으면 영문도 모르면서도 이웃집 똥개들도 덩달아 합창을 해서 온 동네를 시끄럽게 하듯이 입만 열면 새정치를 주문처럼 외우는 부평초 같은 안철수는 똥개처럼 김기현 후보가 1,800배의 시세차익을 챙겼다고 덩달아 짖고 있다.

이 때문에 김기현 후보가 당 대표가 되면 내년 총선은 필패할 것이라고 잠꼬대를 하고 있다.

박정희 대통령보다 김대중이 더 위대하다고 헛소리를 하는 이준석의 아바타 앵무새 같은 천하람도 김기현 후보를 "울산의 이재명"이라고 덩달아 짖고 있는데 참으로 가관이다.

오죽했으면 문 정권 때 39번이나 고소·고발을 당해 탈탈 털렸던 김기현 후보가 자신을 음해하는 이들에 대해 "울산 땅 의혹 제기" 수사를 의뢰해서 법적, 정치적 책임을 묻겠다고 할까.

문제의 부동산은 민주당의 양이원영이 1,800배 시세차익을 보았다고 의혹을 제기했지만, 이상 없다고 판정받은 임야다. 뼈다귀를 갖고 다투는 것은 개새끼들의 전유물이다.

이것도 모르고 양이원영이 빨아먹다 버린 더러운 침이 묻은 뼈다귀를 서로 핥다 먹으려고 으르렁거리는 똥개들을 보는 것 같아 연민의 정이 들 정도다.

허물이 있어도 덮어주어야 할 동지들에게 총부리를 겨누고 총을 쏘는 참으로 비열한 인간들이다. 똥개들이 무엇이라고 할까. 민주당의 2중대 요원인 황·안·천에게 자신들의 영역을 빼앗는 "깜"도 안되는 인간쓰레기 양아치들이라고 욕하지 않을까. 뼈다귀를 갖고 다투고 있는 이 양아치들을 무엇이라 부르면 좋을까?

흙탕물을 일으키고 통발을 빠져나가는 미꾸라지를 못 설치게 하는 데는 한 줌의 소금이 특효약이다. 재수 없다고 소금을 뿌리는 상인들과 같이 필자는 황·안·천에게 소금 한 줌을 확 뿌리고 싶다. 다시는 정치판을 오염시키지 못하도록 말이다.

[최성덕 칼럼] 안철수 후보는 인당수에 몸을 던져야 산다

2022.02.03 11:36

최성덕 윤사모 중앙회장 "안철수 후보, 윤석열 후보의 정권창출에 견인차 역할로 한번 더 대인의 모습을 보고 싶다."

[시사매거진/광주전남] 메뚜기도 한철이라고 대선도 종착점을 향해 달리고 있다. 전 국민의 약 60%가 정권교체를 원하고 있어서 이번 대선의 중요성이 더욱 부각되고 있다. 이번 대선의 화두(話頭)는 단연 정권교체다. 설 연휴 국민은 각자 어떤 후보가 대통령이 될 것이라고 나름대로 점을 쳤을 것이다. 여권에서 볼 때는 모든 국민이 무속인으로 보일지도 모르지만.

얼마 남지 않은 대선의 변곡점은 뭐니 뭐니 해도 후보 단일화고 박근혜 전 대통령의 대선에 대한 메시지가 아닐까 싶다. 필자도 점을 친다면 반드시 단일화된다고 본다. 이번에도 안 후보가 윤석열 후보에게 양보할 것이라고 확신한다.

박근혜 전 대통령도 정권교체가 되어야 한다고 윤석열 후보의 손을 들어주는 메시지를 낼 것이라고 예견한다. 박 대통령은 사사로움보다는 대의를 중시하는 애국자이고 대기(大器)이기 때문이다.

단일화와 메시지의 파장은 이번 대선의 블랙홀이 되리라는 것은 명약관화(明若觀火)하다. 필자는 사명대사가 서산대사의 제자가 된 사연이 이를 증명하고 있기 때문에 이를 믿고 큰소리치는 것이다. 서산대사를 알현한 사명대사는 절 문지박에 걸터앉아 서산대사에게 물었다. 대사님 제가 안으로 들어갈까요, 도로 나갈까요 하고 묻자 서산대사는 서슴없이 안으로 들어온다고 했다.

왜 그렇게 생각하느냐를 묻자 서산대사는 나를 보러 왔는데 도로 나가지는 않는다고 했다. 1패를 당한 사명대사는 마당에서 펄쩍 뛰어 날아가는 새를 한 마리 잡아 손에 쥐고 물었다. 대사님 이 새를 죽일까요 아니면 살려줄까요 하고 물었다. 살린다고 하면 죽이고 죽인다고 하면 살려주면 되는 문제다. 이번에도 서산대사는 뜸 들이지 않고 살려준다고 답했다.

왜 그러냐고 묻자 사명은 불자(佛者)인데 새를 죽일 리가 있는가 하고 했다. 2패를 당한 사명대사는 이번에는 도술을 부려 마른하늘에서 억수 같은 장대비를 내리게 했다. 그러자 이에 응수한 서산대사는 빗방울이 한 방울도 땅에 떨어지지 않게 도로 하늘로 올려보냈다. 이렇게 되자 사명대사는 꿇어앉아 대사님을 시험해서 죽을죄를 지었다고 사죄하면서 그 자리에서 서산대사의 제자가 되었다고 하는 일화는 유명하다. 이것이 임진란 때 승병으로 나라를 구하자고 의기투합한 서산대사와 사명대사의 선문답(禪問答)이다.

이와 마찬가지로 이번 대선에서도 안철수 후보는 윤석열 후보에게 양보하여 정권창출의 견인차 역할을 하리라고 필자는 단언한다. 그 이유는 간단하다. 안 후보도 이번 대선에 출마하면서 한 일성(一聲)이 정권교체다. 특히 지난 대선 때 안 후보는 문재인 후보가 당선되면 첫째, 국민이 반으로 나뉘어 분열되고 5년 내내 싸움만 한다. 둘째, 무능하고 부패한 정권이 되고 만다. 셋째, 세계에서 가장 뒤처지는 나라가 된다. 과연 5년이 지난 지금 문 정권은 어떤가. 예언가(?) 안철수 후보의 예언대로 되었지 않았는가. 정말로 안 후보는 족집게 예언가라고 할 수 있지 않을까. 여권 쪽에서 보면 한낱 무속인이라고 비아냥을 할 수 있지만 말이다.

혹자들은 안 후보가 이재명 후보하고 단일화할 수 있다고 말한다. 퇴주잔을 받아 마실 안 후보가 아니다. 절대로 문 정권 연장의 부역자 역할은 하지 않을 것이다. 사실 안 후보는 닳아먹은 기성 정치꾼들과는 결이 다르다. 협잡을 할 줄도 모르고 배신도 할 줄 모르는 순박한 사람이다. 특히 거짓말을 밥 먹듯이 하는 꾼들을 가장 싫어하는 고고한 인격의 소유자다. 그런데 이재명 후보와 단일화한다고 김칫국은 마시지 말자. 사실 문 정권이 이 나라를 이 꼴로 만든 것도 안철수 후보에게도 원죄가 없다고는 할 수 없다. 박원순에게 조건 없이 시장 자리를 양보하고 문재인 후보에게도 조건 없이 대통령 후보 자리를 양보하지 않았다면 나라가 이렇게 망가졌을까.

안 후보는 원죄를 씻기 위해서라도 이번 대선에서는 심청이의 길을 걸어야 한다. 주저 없이 인당수에 몸을 던져야 한다. 순간의 선택이 십 년을 좌우한다는 어느 광고 카피라이트 같이 안 후보에게도 살신성인의 선택 시간이 시시각각 다가오고 있다. 국민의 힘 일각에서는 자강론을 들고나오지만 이것은 객기를 부리는 것이다. 여대야소에서는 큰 표 차로 이겨야 하고 부정선거 시비를 잠재울 방법은 후보 단일화뿐이다. 단일화해도 표는 반반이라고 정치공학적인 잣대를 대고 있는 야권에서는 각성해야 한다.

홍수가 나 큰 물길이 새로 생기면 주위의 작은 물은 큰물에 휩쓸려 따라가기 마련이다. 이것은 세상의 이치다. 자신의 생명을 기꺼이 버렸을 때 한 나라의 왕비가 된다는 것을 심청이가 보여주고 있지 않은가. 안 후보는 정의·공정·상식이 왜 그렇게도 중요한지를 전 국민의 눈을 뜨게 해야 할 시대적 의무와 사명이 있다.

정권교체를 하지 못하면 그 책임은 모두 안 후보에게 묻게 되지 않겠는가. 매국노 이완용보다 더 큰 욕을 얻어먹게 되고 역사적인 멍에를 짊어지고 살아가야 할 것이다. 절대로 나눠먹기 식의 공동정부는 요구하지 말고 지금까지 순백의 삶을 살아온 그대로 뚜벅뚜벅 걸어갈 것을 주문한다. 나라를 구하겠다는 살신성인의 마음으로 왜 자신이 정치하려고 하는지를 보여주어야 한다. 모든 국민은 안 후보에게 나라의 미래를 묻고 있음을 무겁게 되새김해야 할 것이다.

새시대 새언론 시사매거진

출처 : 시사매거진(https://www.sisamagazine.co.kr)

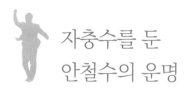

자충수를 둔
안철수의 운명

2023.02.20 17:00

세상에는 상종 못 할 인간이 셋이나 있다고 한다. 하나는 속이 보이지 않는 땅을 갖고 슬픔에 빠진 상주를 등쳐먹는 풍수쟁이 둘째는 죽음을 목전에 둔 환자의 생명을 갖고 돈을 갈취하는 약쟁이 셋째는 미래가 불안해 지푸라기라도 잡고 싶어 하는 사람들을 농락하는 사주쟁이이다.

하지만, 진짜 쟁이가 없는 것은 아니다. 닭이 만 마리 있으면 그 속에 봉이 한 마리 있다고 하듯이 진짜 쟁이를 만나기는 하늘에 별 따기다.

여기에 필자는 하나 더 보태고 싶다. 그것은 권모술수에 능한 후안무치한 정치 쟁이다. 가지를 치면 이것도 진 보쟁이나 보수쟁이다.

진짜 진보는 정직하고 도덕성이 뛰어나야 하고 남달라야 한다. 부끄러운 줄도 모르고 안과 밖이 다른 이리의 탈을 쓴 "짜가"가 판치는 진보 쟁이, 그 대표적인 인간이 바로 문재인과 이재명, 그리고 그 추종자들이다. 또 하나 있다. 물에 물 탄 것 같은 보수 쟁이다. 선무당이 사람 잡는다고 이런 인간들이 세상을 망치고 있다.

정치는 마약 같다고 발을 들여놓기를 만류한다. 그렇게도 청순해 보였던 안철수 의원도 정치에 중독되었는가. 서울시장 자리를 박원순에게 조건 없는 통 큰 양보에 저 사람은 외계인이 아닌가하고 깜짝 놀랐다. 저런 사람이 진짜 정치를 해야 하는데 하면서 안철수 현상이 이 나라를 강타했다.

그런데 지금은 어떤가. 지난주 광주 전당대회 때 철이 지나도 한참 지난 울산 KTX 투기를 해서 김기현 후보가 1,800배의 시세차익을 보았다고 마타도어 했다. 이 사건은 문재인 정권이 털고 턴 사건이다. 문제가 있었으면 김 후보가 건재했을까. 새 정치는 어디 가고 뼈다귀를 우려먹는 헌정치를 붙들고 있는 안 의원을 보면 참으로 연민의 정이 든다. 좌파들의 길을 걷고 있는 안 의원은 스스로 정치할 자격이 있는지 자문자답해보면 어떨까.

못된 송아지 엉덩이에 뿔 난다고 상대의 약점이나 캐는 정치꾼으로 전락한 안철수에 대한 기대를 이제 필자는 철수하려고 한다. 참으로 서글프다. 예전의 안철수로 돌아올 수 없을까.

이번 당 대표 선거에 출마하는 것은 자충수를 둔 묘혈을 판

격이라고 보인다.

무엇이 그렇게도 급한가. 털을 뽑고 먹어야지 털도 뽑지 않고 먹으려고 하면 배탈이 나지 않을까.

아름드리나무도 뿌리내리는 것부터 배웠고 굴러온 돌이 박힌 돌을 뺀 일은 없다. 찬물도 순서가 있는 법인데 이것도 모르는가.

특히 윤안 연대와 이준석의 저주가 묻힌 윤핵관이란 말을 서슴없이 사용하면서 역린을 건드린 점, 박원순에게 통 큰 양보를 함으로써 서울시가 좌파들의 모종판을 만들어 준 점, 문재인에게 대권을 양보하여 나라를 망치게 한 점, 배신자 유승민과 당을 만들어 지난 총선 때 갈라먹기를 하다가 좌파들이 의회 권력을 독식하게 만든 점, 윤석열 대통령에게 선뜻 양보하지 않고 피 말리게 한 점, 이상민 장관 해임 촉구, 박근혜 전 대통령 탄핵에 앞장선 점 등등은 안철수의 정체성을 의심하지 않을 수 없는 대목이다.

뭐라고, 이번에 당 대표가 되면 총선을 압승시킨 후 즉시 당 대표직을 그만둔다고, 자기 새끼들 쳐두고 그만두겠다고 하는 말과 무엇이 다른가. 속이 환하게 보이는 말이다. 보수우파 당원들은 아직도 이 당 저 당 왔다 갔다 한 안 의원의 정체성을 의심하고 있다. 장돌뱅이와 같은 뿌리가 없는 정치인이 당 대표가 되면 좌파에 당을 갖다 바칠 사람이라고 걱정하는 당원들의 목소리가 들리지 않는가.

당 대표 출마의 명분을 차기 총선의 승리에 방점을 두고 있는데 이것은 아전인수 격이라고 사료된다. 차기 총선은 윤석열 대통령의 중간평가와 같은 성격을 지니는 총선이기 때문에 당 대표가 간판이 될 수 없다. 이것을 직시해야 한다. 과연 당 대표가 될까.

잔 다르크가 위기에 처한 프랑스를 구했듯이 나경원 전 부위원장이 잔 다르크로 환생한다면 어떻게 될까. 고승들이 제자들에게 화두(話頭)를 주듯이 필자도 안 의원에게 인무원려 난성대업(人無遠慮 難成大業-멀리 앞을 보지 못하면 큰일을 이루기 어렵다)이란 화두를 선물하고 싶다.

참구(參究)하고 참구해서 안 의원의 미래를 찾아보면 어떨까.

출처 : 대전투데이(http://www.daejeontoday.com)

[컬럼] 괴담 유포
이대로 방치할 것인가?

[글=최성덕] 세상은 요지경이다. 짜가가 판친다는 노래와 같이 우리나라는 민주당 등 좌파들의 괴담이 판치는 천국이다. 이들은 진짜 짜가들이다.

2008년 "뇌 송송 구멍 탁"이란 광우병 괴담으로 사회적 비용이 약 3조 7천억이나 된다. 이러한 괴담에 이명박 정권은 백기를 들었다. 이후 광우병으로 뇌에 구멍이 송송 난 사람은 한 사람도 없다. 또한, 이런 괴담을 퍼뜨린 사람은 단 한 명도 단죄를 받지 않았다.

괴담에 재미 본 좌파들 '박근혜 대통령 탄핵'…."후쿠시마 오염수 방류 저지 공동행동엔 952개 단체 참여"

여기에 재미를 본 좌파들은 세월호 사건으로 대어(大魚)를 낚았다.

그 대어는 박근혜 대통령 탄핵이다. 간이 배 밖에 나온 민주당과 좌파들은 또다시 일본 후쿠시마 오염수로 윤석열 대통령을 퇴진시키려고 혈안이다.

952개 단체가 참여하고 있는 "일본 방사성 오염수 방류 저지 공동행동"은 민주당 전위대와 나팔수 역할을 하고 있다. 이 단체 중에는 195개 단체가 "광우병 국민 대책 회의"에 참여했다.

이들의 불장난에 의한 괴담으로 사회적 비용이 천문학적이다. 하지만 누구 하나 책임지는 이가 없다. 지난해 미국산 쇠고기가 3조 원 치나 수입되었는데 그 당시 괴담을 퍼뜨린 인간들은 미국산 쇠고기가 수입되지 않게 저지하지 않고 미국산이 맛있다고 이빨을 쑤시고 있으니 참으로 기가 찬다.

이제는 관용이 없어야 한다. 더 이상 방치하지 말고 그 책임을 물어야 한다.

성주 사드 전자파 참외에 침투? "휴대전화 전자파보다 적어"

성주 사드는 또 어떤가. 사드 전자파가 참외에 침투하기 때문에 사드를 배치해서는 안 된다고 좌빨들은 적극적으로 반대했다. 아무것도 모르는 농민들은 이들의 총알받이 역할을 했다. 전자파에 튀긴 참외 괴담은 환경영향평가 결과 사드에서 나오는 전자파는 휴대전화에서 나오는 전자파보다 적다는 결론이 났다.

이러한 괴담에 의해 참외 주생산지인 성주는 쑥대밭이 되었다.

참외 매출이 수백억이나 손해를 보았지만, 지금까지 피해에 대하여 책임지는 사람도 없고 피해배상을 요구하는 사람도 없다.

괴담 전파에 가장 앞장선 인간이 김재동이다. 입이 보살인 김재동의 선동은 주민들에게 먹혀들었다. 그렇게도 큰 피해를 본 참외 농사를 짓는 사람은 왜 김재동과 그 일파들에게 손해배상 청구를 하지 않는지 이해가 가지 않는다. 바보천치들인가. 아니면 양반들이라서 미친개한테 물린 것으로 치부하는가.

필자는 주민들을 설득하여 김재동 등을 상대로 피해배상 청구 소송을 하려고 준비하고 있다. 이렇게 해서라도 괴담 유포자들의 씨를 말려야 한다.

사실 필자는 사드 문제가 성주를 달구고 있을 때 사드에는 전자파가 많이 나오지 않으므로 사드를 받는 조건으로 성주를 천지개벽시킬 수 있는 흥정을 하라고 촉구했다.

필자가 사드에서 해로운 전자파가 나오지 않는다고 장담한 것은 전자파가 많이 나오는 사드 기지에 미군들이 방호복을 입지 않고 평상복으로 근무하는 것을 보았기 때문이다.

세계에서 건강에 가장 많이 신경을 쓰는 미군이 참외에 침투한다는 해로운 전자파가 나오는 사드 기지에서 평상복으로 근무할까 말이다.

일제 강점기 때 성주를 관통하는 경부선 철도를 건설하려고 하자 성주가 들고일어나 철도 건설을 막았다.

필자는 이런 용감한(?) 반대가 성주의 발전을 가로막는 족쇄가 되었으므로 사드를 수용하고 대신 성주를 개벽시킬 국가공단 유치, 대구국제공항을 낙동강 변에 유치하고 성주까지 지하철 건설과 지역 현안 사업들을 요구하라고 설득했지만, 허공에 말뚝을 박는 격이어서 평생 참외만 깎아 먹으라고 악담했다.

윤석열 퇴진 외치는 좌빨들…. 후쿠시마 오염수로 나라 흔들어 "중국 원전 서해 방류 농도는 후쿠시마보다 50배"

이번에는 좌빨들이 일본 후쿠시마 오염수로 나라를 흔들면서 윤석열 대통령 퇴진을 외치고 있다. 이런 괴담에 소금 장수만 떼돈을 벌었다.

소금(小金)이 금(金)이 되어 동났다. 후쿠시마 방류수는 우리나라는 오지 않고 해류를 따라 태평양으로 직행하는데 이러한 요상한 괴담에 국민은 속아 불안에 떨고 있다. 왜 우리 국민은 이렇게도 귀가 얇을까. 삼중 수소는 물인데 물이 증발할 때 삼중 수소도 증발하여 소금에 잔류하지 않는다.

현재 중국 원전에서 서해로 방류하는 삼중 수소 농도는 후쿠시마 오염수의 50배가 되는데 왜 이것은 묵인하고 있나.

그렇다고 일본 오염수 방류를 환영할 일이 아니다. 하지만 방류되는 오염수에는 방사성 핵종이 들어있는 고농도가 아니다. 세슘-137은 정수기와 같은 기능을 하는 알프스(ALPS)라는 다핵종 제거설비로 정화 처리하여 이것을 방류한다. 이 오염수에는 64종의 방사성 핵종이 들어있지만, 물에 희석되기 때문에 우려하지 않아도 된다는 것이 이 분야 전문가들의 견해다.

무조건 괴담을 퍼뜨리기보다 정말로 일본이 방류하는 오염수가 기준치 이하로 방류하는지 이것을 감시 감독하는 것이 더 중요하지 않을까.

사람이 죽으려면 환장부터 먼저 하는데 민주당은 죽으려고 환장했는가.

선동과 괴담으로 국민을 불안하게 하는 것은 공당이 아니다. 미친개는 몽둥이가 약이듯이 이제는 괴담을 유발해서 막대한 사회적 비용을 치르게 하는 악당들을 단죄할 수 있는"괴담 유포 처벌법"을 제정해서 처벌해야 할 것이다. 다시는 괴담 유포를 하는 선동꾼들을 이대로 방치하지 말고 엄정한 책임을 물어야 하고 국민이 입는 피해를 막아야 한다.

출처 : 파이낸스투데이(http://www.fntoday.co.kr)

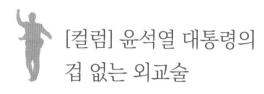

[칼럼] 윤석열 대통령의
겁 없는 외교술

[글=최성덕] 극도의 보안 속에 윤석열 대통령의 전격적인 전쟁국 우크라이나의 극비 방문은 한 편의 드라마 같아 전 세계는 깜짝 놀랐다. 국익을 위한 선택을 한 윤 대통령의 고뇌에 찬 결단과 외교술에 박수를 보낸다. 생즉사(生則死) 사즉생(死則生)의 정신이 없다면 불가능한 일이다.

이것은 1976년 우간다 엔테베 국제공항에 억류된 239명의 인질을 구출하기 위한 이스라엘 특수부대의 작전에 버금가는 신의 한 수였다.

윤 대통령이 아니면 할 수 없는 결단이 아닐 수 없다. 간이 생기다가 만 겁쟁이 문재인이라면 이런 국익을 위한 목숨을 건 선택을 할 수 있을까.

중국에 가서 천대받으면서 혼밥이나 하고 시진핑에게 머리나 처박고, 어물전 망신은 꼴뚜기가 시키듯이 나라 망신을 시키고 나라를 망하게 한 문재인은 사법적 책임은 물론 역사의 단두대가 말할 것으로 의심치 않는다.

분열과 갈등, 꼬투리 잡기에만 여념이 없는 무능하고 비열한 문재인 수하들은 또 한 건 했다 싶어 윤 대통령의 우크라이나 방문에 흠집을 내기 위하여 불알에 시끄러운 요령 소리가 난다.

"장마철 폭우로 수해가 엄청나게 난 마당에 우크라이나를 방문할 때인가. 러시아를 적국으로 돌려세우고 우크라이나 전쟁의 불씨를 한반도로 불러 대한민국을 위험에 빠뜨릴 수 있는 행보"라고 비판에 여념이 없다. 참으로 기가 찬다. 똥오줌을 가릴 줄 모르는 철없는 망나니들이라 아니할 수 없다.

민족의 분단이란 비극을 만든 나라가 소련이다. 김정은을 편드는 지금의 러시아다.

왜 아직도 러시아를 할배로 숭배하는가. 혼줄을 놓은 망언에 부아가 치민다.

이번 장마로 많은 인명과 재산피해를 입게 된 것은 문재인 정부의 책임이 더 크다. 이명박 정부의 공적을 인정하지 않겠다고 4대강 보를 해체하고 지류 관리를 하지 않은 불장난의 소치가 아닌가.

4대강 사업이 계속 진행되어 지류까지 확대하여 완성했다면 이번 장마철 수해의 피해는 이 만큼 크지 않았을 것이다.

처녀가 아이를 낳아도 할 말이 있다고 하듯이 사돈 남발하는 좌빨들은 무슨 할 말이 있는가.

수해피해의 책임은 전적으로 민주당 등에 있음을 직시하고 이제는 국론분열의 단초를 제공하지 말고 윤 대통령의 외교업적을 폄하하지 말 것을 충고한다.

우크라이나 재건 규모가 약 2천조에 달한다는 분석에 세계열강들은 군침을 흘리고 있다.

이미 미국 바이든 대통령과 일본의 기시다 총리 등 G7 정상들이 모두 키이우를 방문해서 눈도장을 찍었다.

때늦은 감은 들지만, 이번 윤 대통령의 우크라이나 전격 방문은 윤석열 답다고 하지 않을 수 없다.

윤 대통령이 역사적 기회를 잡기 위해 목숨을 걸고 전쟁 국에 들어간 사실에 대하여 여·야는 물론 전 국민은 한마음 한뜻으로 응원해야 할 일이 아닐까.

"대통령으로서 죽음을 겁낼 권리가 없다"라고 하는 젤린스키는 물건이다.

어퍼컷으로 나라를 구하겠다고 의지를 불태우고 있는 윤 대통령과는 장군멍군이다.

두 나라 영웅들이 손을 잡는 것은 두 나라의 역사를 다시 쓰는 변곡점이 될 것이라 확신한다.

지금은 하늘의 별이 되었지만, 차길진 법사의 예언이 더욱 가슴에 와 닿고 있어 희망적이다.

차 법사는 생전에 윤석열 검찰총장이 대통령이 되어 나라를 구할 것이라고 예언했다.

차 법사는 "기해년(己亥年, 2019년)에 노무현 대통령과 같이 갑자기 나타난 사람이 청와대로 들어간다. 루스벨트나 대처 수상처럼 평범한 듯 비범한 인물이 나타나 국민의 마음을 사로잡을 것이다. 이 인물은 외교술이 뛰어나 전 세계를 그네 뛰듯이 뛰어다니면서 국가를 반석 위에 올려놓을 것이다."라고 했다.

이번 우크라이나에서 펼친 외교술을 그는 미리 보고 있었다니 눈 밝은 예지자의 혜안이 정말로 놀랍다.

윤 대통령은 하늘이 보낸 선지자라고 해도 부족함이 있을까.

전국이 빨간색으로 물들어 희망이 보이지 않는 나라를 세탁하기 위해 동분서주하고 있는 윤 대통령에게 더 이상 태클을 걸지 말고 밀어주자. 이것이 시대의 명령임을 명심하자.

출처 : 파이낸스투데이(http://www.fntoday.co.kr)

[컬럼] 이재명에 대한 '운명과 단상'. 러시아 제국 망친 '요승 라스푸틴'의 화신과 같아

[글=최성덕] 매의 눈은 먹잇감을 수 km 이내까지 본다. 노무현 대통령은 사람을 보는 눈이 매의 눈과 같아 놀라움을 금할 수 없다. 문재인에게 깜이 되지 않으므로 정치를 하지 말라고 충고한 말은 금과옥조(金科玉條)와 같다.

그런데 문재인은 이 금기를 깨고 통계까지 조작하는 등 국정농단으로 나라를 개판으로 만들었다. 여기에 천년에 한 명 나올까 말까 한 이인(異人)이 나타나 더욱 개판을 치고 있는데 그가 바로 이재명이다.

러시아 제국을 개판으로 만든 요승 라스푸틴의 화신과도 같은 이재명을 두고 노무현 대통령은 무엇이라 할까. 그 나물에 그 밥이라고 하지 않을까.

일 년 반 동안 이재명과 문재인을 국립호텔로 빨리 보내지 않는다고 국민은 아우성을 치면서 죄 없는 윤석열 대통령만 원망하고 있다.

세상 모든 것은 때가 있는 법이다. 이제 종말이 보인다. 아우 먼저 형님 다음이다.

사람이나 짐승 등 세상의 모든 목숨이 붙어 있는 생명체들은 죽음을 두려워하면서 반사적으로 방어한다. 변신의 귀재 카멜레온과 다름없는 이재명 대표도 예외가 아니다. 단식이란 생쇼를 하면서 마지막 최후의 발악을 하고 있는데 즉, 이것은 자신의 사망일을 예측하고 마지막 몸부림치는 것이라고 치부하는 것 같아 측은한 마음에 연민의 정이 들기도 한다.

단식을 24일간 하여도 혈색이 변하지 않고 꿋꿋하게 견디는 것을 보면 기네스북에 오를 신인(神人)이 아닌가 하는 착각에 빠지기도 한다. 사람이 7일간 곡기(穀氣)를 끊으면 이 세상 사람이 아니다. 통상적으로 10일 이상 단식을 하면 생명을 부지할 수 없다.

그런데 20일 넘게 단식한 이재명 대표는 무슨 비법이 있을까? 이 비법을 특허 내면 떼돈을 벌 것 같은데, 어떻게 전수 받을 방법은 없을까.

요즘 우리나라 정치판은 속된 말로 개판이다. 국회에서 이재명 대표의 제포동의안이 가결됐다고 친명계와 개발들의 굿판은 마치 투견장 같은 모습으로 서로 물어뜯는 개싸움 소리는 순리를 따르는 사람들에게는 소음으로만 들리고 있다.

개싸움은 주인도 잘 말리지 못한다. 그러면 방법은 없을까. 문제가 있으면 답이 있는 법. 개싸움의 특효약은 찬물 한 바가지다. 이것을 확 뿌리면 싸움은 뚝 이다.

이 개싸움은 9월 26일이 변곡점이 될 것이다.

왜 견원지간 같이 싸울까. 이것 말고도 이 대표의 선거법 위반 선고를 눈앞에 두고 있는데 변제할 434억은 걱정하지 않고, 곧 역사의 뒤안길로 사라질 더불어민주당은 시한부 인생과 같은 죽은 자식 뭐(?) 만지는 것과 같은데 각자도생(各自圖生)할 생각은 하지 않고 개싸움 판만 벌이다니 참으로 한심한 작자들이다.

소싸움과 개싸움의 차이는 영국신사와 흔히 가장 저급의 말을 인용한다면 양○○와 같다.

소싸움을 보면 별미다. 소싸움을 말리는 방법은 간단한데 바로 머리카락을 태워 냄새나는 것을 코에 갖다 대기만 해도 싸움을 그치고 서로 뒷걸음질 친다. 머리카락이 특효약이다.

왜 소들은 영국신사답다고 할까. 그것은 바로 싸움을 하다가 힘이 딸린 소가 걸음아 날 살리라고 도망치면 이긴 소는 더 따라가서 싸움을 걸지 않고 허연 이빨을 드러내고 허공을 쳐다보면서 승리를 만끽한다. 영국신사답지 않는가.

그런데 개싸움은 어떤가. 끝까지 물어뜯는다. 떨어졌다가도 붙으면 끝없는 싸움질을 한다. 이것은 양○○ 같지 않은가.

집이 무너지려면 먼저 금부터 기면서 찍찍 소리가 나면 무너지게 되어있다. 이렇듯 이재명의 발악은 더불어민주당의 조종(弔鐘)을 울리는 소리다.

많은 사람은 9월 26일 이재명의 영장실질심사 판사는 좌 편향이라서 기각시킬 것이라고 우려하고 있다.

하지만 필자는 걱정하지 않는다. 윤석열 대통령 당선, 김기현 대표 당선을 점치고 나경원 전 의원은 솔잎을 먹을 송충인데 잡목 잎을 먹고 살 수 없다고 하고 안철수의 자충수 등을 칼럼을 통해 말한 것이 적중되었다고 이재명의 운명이 어떻게 될 것인지를 묻는 사람이 한두 사람이 아니다.

그때마다 국립호텔로 직행한다고 말한다. 그 이유는 점쟁이가 아니라서 상식과 자연 섭리를 믿고 두려워하기 때문이다.

자연계의 섭리는 오묘하다. 말이 없지만, 무엇이든 혼돈이 있으면 제자리로 돌려놓는 힘이 있다. 그것은 인과응보의 법칙에 따르게 하고 사필귀정(事必歸正)으로 귀결된다.

명심보감에 "좋은 일을 하는 사람은 하늘이 그에게 복으로 갚아주고, 좋지 않은 일을 하는 사람에게는 하늘이 그에게 화로 갚아준다. (僞善者 天報之以福 僞不善者 天報之以禍)"는 명언을 가슴속에 새기고 살고 있기 때문이다.

아무리 좌파 성향의 판사라고 하지만 인간에게는 최소한의 양심이 있고 인간의 힘으로는 천지 기운을 역행할 힘이 없다고 보기 때문에 명운(命運)을 다한 이재명은 살아날 길이 없다고 확신한다.

특히 인간사에는 전야제란 것이 있듯이 우주에는 전월제도 있다.

박정희 대통령 시해 사건인 10·26사태가 있듯이 9월 26일은 이재명의 날이다. 우연의 일치고는 너무 이상하지 않는가. 이것은 필자의 직감이다.

윤석열 대통령이 당선되지 않았더라면 이 나라는 어떻게 되었을까 하는 악몽에 가위가 눌려 놀란 가슴을 쓸어내리는 것이 한두 번이 아니다. 아무튼, 우리나라는 국운이 왔기 때문에 모든 혼돈은 제자리로 돌아갈 것이라 본다.

더불어민주당은 갈가리 찢겨져 역사의 뒤안길로 사라질 날도 멀지 않았다.

이재명의 홀딱쇼에 취해 희희낙락하고 있는 국민의 힘 국회의원들 참으로 한심하다. 국기를 뒤흔든 뉴스타파, JTBC에 말 한마디 하지 못하고 있는 꿀 먹은 벙어리들에게 미래가 있을까.

출처 : 파이낸스투데이(http://www.fntoday.co.kr)

[컬럼] 회자수(劊子手) 망나니
이준석의 도술(道術)

[글=최성덕] 집에서 새는 바가지는 들에 가도 샌다고 인간이 되지 않은 놈은 어디에 가도 인간 구실을 못한다는 원판 불변의 법칙은 진리다.

그 대표적인 인간이 누굴까. 손에 잡히는 인간들이 많고도 많지만, 그중에서도 필자는 단연 이준석을 들고 싶다.

왜냐하면, 사형수의 목을 치는 회자수(劊子手), 즉 망나니의 화신(化身)이라고 생각하기 때문이다. 이준석은 전생에 망나니 회자수였다는 확신을 지울 수 없다.

세상에서 제일 악질은 사형수를 앞에 두고 돈을 갈취하려고 흥정하는 망나니 회자수이다. 회자수는 시뻘건 눈으로 사형을 집행하기 전에 반드시 돈을 요구한다. 일가친척들이 돈을 많이 주면 고통 없이 죽게 하고 돈을 주지 않거나 적게 주면 사형수를 갖고 논다. 무딘 칼로 이리저리 치면서 사형수들을 공포에 떨게 하고 고통스럽게 한다. 부모, 일가친척들에게 보란 듯이 복수한다.

그래서 사형집행자를 망나니라 한다.

그럼 이준석은 과연 어떤 인간일까. 윤석열 대통령의 예비후보, 후보 시절 지근지근 껌 씹듯이 씹으면서 내부총질이나 하고 현재도 마찬가지로 사형수 취급을 하고 있다. 못된 송아지 엉덩이에 뿔이 난다고 망나니 행각은 그칠 줄 모르고 있다.

어떻게 몇 살 먹지 않은 바람둥이가 저럴 수 있을까 하고 필자에게는 연구대상이 된 지는 이미 오래되었다. 정말 준석이를 생각만 해도 밥맛이 떨어진다. 준 것 없이 미운 녀석이다.

준석이 어록을 보면 기가 찬다. 윤석열 후보가 대통령이 되면 지구를 뜨겠다. 양두구육 타령, 신군부, 독재자 등등. 윤핵관을 작명하여 조롱이나 하고 가처분 신기록을 세운 이력의 소유자다.

필자는 망나니 이준석에 대하여 회자수를 자청했다. 윤석열 대통령 예비후보를 낙마시키기 위해 회자(劊子)를 휘두르는 것을 윤사모 회장으로서 두고 볼 수만 없었다.

2021년 8월 23일 집회 신고를 내고 주위의 만류에도 불구하고 독버섯의 싹을 자르지 않으면 윤석열 대통령에게는 두고두고 우환이 될 것이라는 판단에 당 대표 사퇴집회를 결행했다.

이때 윤 대통령 예비후보 사무실 이마빌딩에 있는 수뇌부들이 벌집을 건드린다고 야단법석을 떨었다.

집회를 열지 말라고 하는 압력이 보통이 아니었다. 특히 웃기는 것은 첩들이 더 설치듯이 온갖 나쁜 짓을 하다가 윤사모에서 제명당한 짝퉁들이 핵심 수뇌부에 접근하여 명함팔이나 하고 눈도장이나 찍고 다니는 자신들이 진짜고 필자는 가짜라고 하면서 시위를 하지 말라고 해도 자신들의 말을 듣지 않는다고 소란을 피웠다.

당연히 음해를 받은 필자는 미운 오리 새끼가 되었다.

하지만 이 기회에 이준석을 길들이지 못하면 망아지 새끼가 되어 계속 말썽을 부릴 것이라 염려하여 집회를 강행했다. 이날 이준석은 꼬리를 내리고 공정경선을 하겠다고 약속했지만, 공염불이 되었다. 소낙비를 피한 이준석의 행각은 이후 천하가 다 아는 사실이 아닌가.

벌집은 불을 놓아 초전박살 내지 않으면 쏘이게 되어있다.

그 당시 완전히 뿌리를 뽑지 못한 것을 지금도 후회하고 있다. 현실이 그렇지 않은가.

이준석에 대하여 누구보다도 고민하고 연구한 필자는 요즘도 혀를 내두르고 있다. 하수에게나 통하는 도사(道師)행각이다.

그것은 다름 아닌 "세상에서 가장 나쁜 놈을 손보기 위해 대구 동을에 출마하겠다"라는 것이다. 이준석이 무엇이라고 이것을 연일 대서특필했다.

나쁜 놈이 누구인지 많은 사람이 질문 해왔다. 단도직입적으로 강대식 최고위원을 두고 하는 말이라고 단정했다.

왜? 이렇게 확신했을까. 강 최고위원은 뼛속까지 유승민의 DNA가 박혀있는 사람이기 때문이다. 구의원, 구청장, 국회의원까지 될 때까지 누구의 힘이었을까. 유승민이 없는 강대식은 없다. 유승민의 분신과 마찬가지다.

이런 자가 유승민과 완전히 결별했다고 큰소리치고 다니는 마당에 올챙이 시절도 모르는 배신자라고 유승민은 치를 떨지 않았을까. 첩이 첩 꼴을 못 본다고 배신자는 눈에 쥐가 나지 않았을까.

유승민의 특명을 받은 준석이는 회자를 휘두르면서 강 최고위원의 목을 치겠다고 나섰다. 도둑놈이 제 발 저리다고 불알이 오그라든 강 최고위원은 깨갱 하고 꼬리를 내리자 준석이는 회심의 미소를 지으면서 강대식 의원과 자신의 관계를 언론이 이간질하는 것이라는 변명으로 "대구 생각 없다", "노원병 출마" 하겠다고 선언했다.

이것이 윤 대통령에게는 통하지 않는 이준석 도술의 진수다.

이런 도인이 강대식 최고위원에 대한 약점을 모를 리 있을까. 구의원 되기 전 야인의 생활 때의 추태들, 세상이 다 알고 있는 동구 의장 시절 음주운전 뺑소니친 범죄자, 송영선 전 의원이 논문표절이 83%나 넘는다고 제기한 의혹, 작년 지방의원 때 신인 구의원 출마자는 다 번, 전 구의원 출신에게는 가 번, 현 구의원은 나 번, 사기 전과가 있는 함량 미달인 자는 친하다고 가 번, 능력 있는 현역 구의원은 배제하고 또 다른 선거구에서는 현역 의원에게 가 번, 초년병에게 나 번을 주는 등 엿장수 마음대로 공천을 주어 두고 보자고 벼르고 있는 사람들이 한두 명이 아니다.

또한, 지난해 10월에 개최한 동구 구민 한마당 어울림 축제에서 술이 곤드레만드레 되어서 안심 3, 4동 주민들에게 십 원짜리 쌍욕을 하면서 싸움이나 거는 추태를 부린 강대식 최고위원에 대해 많은 약점을 쥐고 있는 준석이가 배신을 한 강 최고위원을 보고 배은망덕한 배신자 "가장 나쁜 놈"이라고 손을 보겠다고 하는 것도 이해는 간다.

전향했다고 큰소리친 강 최고위원을 꼬리를 내리게 한 이준석의 도술의 영험함에 고개가 절로 숙어진다. 한 번 해병은 영원한 해병이라고 하듯이 유승민을 가슴 아프게 하는 것은 인간이 할 일은 아니지 않은가.

강대식 의원은 남자답게 살아야지, 사나이가 일구이언하면 되는가.

위 장이 서면 위 장에 가고 아래 장이 서면 아래 장에 가는 장돌뱅이가 되면 미래가 보장될까.

이런 치욕을 당한 강대식 최고위원의 거취와 미래가 궁금해진다. 강대식의 배신에 분노한 유승민은 배신당한 국민의 마음을 십 분의 일이라도 이해할까.

출처 : 파이낸스투데이(http://www.fntoday.co.kr)

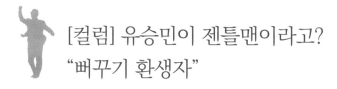

[컬럼] 유승민이 젠틀맨이라고?
"뻐꾸기 환생자"

[글=최성덕] 집에서 새는 바가지는 들에 나가서도 새고 될성 싶은 떡잎은 날 때부터 안다고 입만 살아있는 이준석은 싸가지의 끝판왕이다.

못된 송아지 엉덩이에 뿔 난다고 망나니 이준석은 뿔이 한두 개 난 것이 아니다.

무엇이 되기 전에 먼저 인간이 되어야 한다. 사람 되었다 하는 소리를 듣는 것은 참으로 어렵다. 관속에 들어갈 때까지 사람 되었다고 큰소리치지 못하는 것이 우리 인생이다. 그래서 우리 선조들은 무엇이 되기 전에 먼저 "인간이 돼라"라고 유언을 남겼다.

인요한 혁신위원장이 이준석을 만나기 위해 부산 행사장까지 찾아갔으나 문전박대한 것도 모자라 고쳐야 할 환자는 서울에 있다고 에둘러 윤석열 대통령을 직격 한 것은 참으로 가증스럽다. 이게 인간이 할 짓인가.

우리 속담에 "동냥은 주지 못 할망정 쪽박은 깨지 말라"고 했는데 이준석의 안하무인은 도가 넘어도 너무 넘었다. 인간의 싹수가 노랗다. 이런 싸가지가 또 있을까. 언제 인간이 될까.

윤석열 대통령이 된 지금이나 후보 시절에 온갖 싸가지없는 짓을 한 것은 삼척동자도 다 아는 사실이다.

필자는 윤사모 회장으로서 이준석을 거세하지 않으면 후환이 될 것 같아 2021.8.23.에 이준석 사퇴 시위를 했다. 윤 대통령 예비후보 캠프는 난리가 났다. 건드리면 큰일 난다고 시위 포기 압력이 대단했으나 후일이 답을 할 것으로 판단하고 강행했다. 계속 시위를 하려고 했지만, 캠프 측의 입장을 고려해서 더는 손을 보지 못했다. 이때 필자는 친윤들에게 미운 오리새끼가 되었다. 지금은 필자의 판단이 옳았다고 인정하지 않을까.

지금 생각해도 끝까지 밀어붙여 정계를 영원히 떠나도록 하지 못한 것이 두고두고 아쉬움이 묻어난다.

요즘 인요한 위원장의 국민의 힘 개혁에 쌍수를 들고 힘찬 응원을 보낸다.

국민의 힘을 환골탈태시키는 그것이 작금의 시대정신이다. 인 위원장은 국민의 힘을 반석 위에 올려놓을 것이라 확신한다. 욕을 얻어먹더라도 인 위원장은 회사수(劊子手)가 되어야 한다. 이것은 구국의 길이고 시대의 명령이기 때문이다.

그런데 유승민을 보고 코리아 젠틀맨이라고 추켜세울 때 깜짝 놀랐다. 이것은 미국식 화법이라고 해서 이해는 하지만 이 말뜻을 잘 모르는 TK의 유권자들은 황당해하고 있다. 길을 잘못 들면 삼천포로 빠진다고 하듯이 인 위원장이 삼천포로 빠지는 것이 아닌가 우려하고 있다. 차라리 유승민을 "뻐꾸기" 같다고 했으면 상한가를 치고 있을 텐데 말이다.

필자는 배신자의 아이콘이 된 유승민을 박근혜 대통령을 탄핵하기 전과 필자가 토사구팽(兔死拘烹)을 당하기 전까지만 해도 한때 사랑했다고 고백한다.

주위에서는 배신을 당해 큰 상처를 받게 될 것이라면서 멀리할 것을 충고했지만 그래도 믿었다.

유승민은 원내대표를 2달 만에 그만두고 고립무원이 된 그 당시 이재만 전 동구청장이 국회의원 자리를 호시탐탐 노리고 있자 필자에게 긴급 구조요청을 했을 때 최선을 다해주었다.

하지만 돌아온 포상은 배신이었다. 이때부터 인간이 되먹지 않은 유승민 학(學)을 연구했다. 결론은 "뻐꾸기의 환생자"라는 결론을 내렸다. 어떻게 그렇게도 뻐꾸기를 닮았을까.

뻐꾸기는 연구하면 할수록 얄미움에 혀를 내두르게 한다. 뻐꾸기는 기회를 포착해서 붉은머리오목눈이의 둥지에 탁란한다. 뻐꾸기는 알에서 부화 되자마자 오목눈이의 알을 바깥으로 밀어 떨어뜨리고 새끼가 부화해도 수단과 방법을 가리지 않고 둥지 밖으로 밀어내어 살인을 저지른다. 어떻게 아무것도 모르는 뻐꾸기 새끼가 이런 짓을 할까. 정말로 본능적이다.

자기 새끼를 안 키우는 새는 뻐꾸기뿐이다. 암수는 연애나 하면서 뻐꾹 뻐꾹 하면서 자신의 새끼들이 행동개시 하도록 신호를 보낸다. 정말로 교묘하다.

유승민이 또다시 신당 창당 운운하면서 윤 대통령과 국민의힘을 공격하면서 존재감을 부각하는 것을 보면 어떻게 뻐꾸기와 그렇게도 똑같을까. 탁란하려고 온갖 술수를 부리고 있는데 황교안 전 대표에게 수많은 탁란을 해서 재미를 보았으면 되었지 이제는 더는 안 통할 것이다.

유승민의 탁란 중 최고의 걸작품은 이준석이다. 이제 이준석 하나만 해도 몸서리나는데 더는 안된다. 탁란해서 까놓은 뻐꾸기 국회의원들이 제대로 하고 있는가.

이제 국민은 유승민이 다시는 탁란을 못 하게 두 눈을 부릅뜨고 지켜야 한다.

우리 국민은 정치는 물 흐르듯이 소리소문없이 흐르는 것은 정치가 아니라고 하는 고질병에 걸려있다. 탁 쏘는 사이다 맛과

콜라 맛에 중독되어 있는데 하루빨리 해독제를 맞아야 한다.

요·순의 시대는 정말로 백성들은 정치가 무엇인지도 모르고 살았지만 잘 살았다. 지금 이 시대는 요·순의 정치시대를 열어야 한다.

요즘 김기현 대표가 힘없고 무능하다고 혹평하고 있지만 착각이다. 필자가 아는 김기현 대표는 외유내강형이다. 요·순의 정치시대에 부합하는 인물이다.

정치인은 일구이언해서는 안 된다. 남아일언중천금(南兒一言重千金)을 실천하는 사람만이 참 정치인이라고 할 수 있다. 판사가 되어서도 좋은 혼처가 나와도 고등학교 때 첫사랑과의 언약을 잊지 않고 지킨 것은 보통사람이 아닌 무서운 사람이다.

톡 쏘는 사이다, 콜라 맛에 도취하면 우리에게 미래가 없다. 있는 듯 없는 듯 소리 없이 흘러가는 물과 같은 정치시대를 갈구하자. 다시는 뻐꾸기 같은 정치꾼들이 발을 붙이지 못하게 하자.

대구 동구에 뼈를 묻겠다고 큰소리친 유승민의 뼈는 어디에 있는가. 남아일언중천금은 유승민에게는 사치품이다. 유승민은 뻐꾸기의 저주에서 환생하라. 그렇게 하면 필자도 젠틀맨이라고 할 것이다.

출처 : 파이낸스투데이(http://www.fntoday.co.kr)

왜? 용산대통령실은
천하 명당인가?

인걸(人傑)은 지령(地靈)이라고 땅이 좋아야 인물이 많이 난다. 하지만 흉지이면 아무리 훌륭한 사람도 그만큼 시련을 겪게 된다.

윤석열 대통령이 청와대에 들어가지 않고 용산으로 옮긴다고 좌파들은 끈질기게 물고 늘어졌다. 문재인도 대선후보 시절 광화문 시대를 열겠다고 공언했지만, 청와대에 끝까지 눌러앉았다.

그러나 윤 대통령은 청와대에 가지 않겠다고 한 약속을 지켰다. 이것만 보아도 일구이언한 문재인보다 윤 대통령이 몇 수 위다. 필자는 용산에 대통령실을 이전한 것은 신의 한 수라고 쌍수를 들고 환영했다. 청와대에 온갖 도청시설과 간첩 소굴에서 벗어난 것만 해도 국운이 있다고 생각하지만, 그것보다는 청와대 터는 역대 대통령들의 공동묘지나 다름없는 흉지이기 때문이다.

기(氣)가 센 바위가 있는 곳은 가정집을 짓지 않는다. 대부분 절터로 사용한다. 그만큼 기가 센 바위가 버티고 있는 곳은 길지라고 할 수 없다.

그런데 풍수에 문외한인 필자가 보아도 청와대 터는 흉지 중에서 흉지라고 생각한다.

청와대 뒷산에는 엄청나게 큰 바윗덩어리가 청와대를 짓누르고 있다. 왜 그런 자리에 청와대를 지었는지를 이해할 수 없다.

큰 돌(石)이 사람(人)을 짓누르면 이것은 무슨 자(字)가 될까. 이것은 상형문자인 한자(漢字)로 풀이하면 사람이 큰 돌에 눌리면 죽는다고 꽥꽥거리는 비명을 지를 것이다.

그래서 필자는 이것을 꽥꽥 자(字)라고 부른다. 아마도 이런 해석을 들어본 적이 없을 것이다. 반풍수라서 엿장수 마음대로 해석이다.

지금까지 청와대에 들어갔던 대통령이나 그 가족들은 전부 꽥꽥거렸다.

그렇다면 왜 문재인은 무사하냐고 묻겠지만 나라를 망친 죄업은 곧 시간이 답할 것이라고 본다.

인과응보의 법칙과 사필귀정(事必歸正)의 천리(天理)에 따라 분명 꽥꽥거리는 곡(哭)소리가 날 것이라 예언(?)한다.

풍수는 인류 역사와 궤를 같이하고 있다. 왕건이 태어난 묏(墓)자리를 잡아준 도선국사는 풍수의 대가다. 이성계의 꿈 해몽과

한양 터를 잡아준 무학대사도 풍수 도사다. 그 당시 정도전도 난형난제(難兄難弟)다. 도성 경계를 두고 무학대사와 정도전은 신경전을 벌였다. 그것은 북한산에 있는 부처 형상의 바위 때문이다.

이 바위가 도성 안으로 들어오면 불교가 흥하고 들어오지 못하면 유교가 흥하기 때문이다. 결국, 도성 밖으로 밀어낸 정도전이 이겼다. 무학대사는 불교가 망하게 되었다고 장탄식했다고 한다.

풍수라는 것은 지형지물에 따라 다르고 어떤 비보를 하느냐에 따라 달라진다.

역대 임금 중에 풍수지리에 일가견이 있었던 왕은 숙종 임금이다.

숙종은 평상복으로 자주 민정 시찰을 했다. 그런데 하루는 오공하강혈(蜈公下降穴)에 묘를 쓰고 있는 것을 보고 장탄식을 하면서 닭똥 같은 눈물을 흘렸다고 한다. 오공하강혈이란 독충이 모이는 흉지로 삼오날 이전에 자식들이 죽어 대가 끊기는 흉당 자리이기 때문이다.

하도 상주들이 불쌍해서 어느 지관이 이 자리에 묘를 쓰게 했는지 물었다. 그러면서 관아에 연락해서 쌀 백석을 상주에게 주라고 하고는 그 지관을 찾아가서 따졌다. 그런데 지관은 그 흉터에 용의 눈물이 몇 방울만 떨어져도 천하명당으로 변하고 당장 쌀 백석이 생기는 명당으로 변한다고 응수했다.

숙종은 이 지관이 자신보다 한 수 위라고 존경했다고 한다.

필자가 풍수에 관심을 가지게 된 것은 증조부모님의 묘를 이장하고 곧바로 장가가기 전의 건장했던 큰, 작은아버지 되시는 분이 비명횡사한 가족사의 슬픈 사연 때문이다. 이장한 묘소는 아무리 보아도 좌향(坐向)이 맞지 않고 누가 보아도 물이 날 곳이 아닌데도 물이 날 것이라는 예감이 들어 선고(先考), 선비(先妣)가 계실 때는 말도 못 꺼내다가 두 어른 분이 작고한 후 곧바로 이장을 결행했다.

몇 달 동안 눈과 비가 오지 않았는데도 과연 직감대로 물이 흥건하게 나는 것이 아닌가. 이것은 격물치지(格物致知)라고 할까. 그때부터 풍수에 대해 많은 관심을 두게 되었다.

과연 용산대통령실은 명당인지 아닌지 말들이 많다. 필자가 본 용산대통령실은 천하명당이라고 단언한다.

왜냐하면 작년 대통령실을 처음 방문해서 10층 라운지에서 조망했다.

순간 눈앞에 하늘로 힘차게 비상하는 봉황(鳳凰)을 보았기 때문이다. 옆에 있던 지인에게 저 앞에 보이는 산(山)이 무슨 산이냐고 물었다. 서울대가 있는 관악산이라고 했다. 풍수에 조금이라도 관심이 있는 사람이 대통령실에서 관악산을 자세히 보면 봉황새라고 여길 것이고 천하명당 자리라고 탄복할 것으로 생각한다.

풍수에서 많이 따지는 좌청룡은 빈약하지만 높은 아파트들이 우백호 역할을 하고 있어서 천만다행이다.

임금을 용(龍)으로 비유한다. 그래서 임금이 앉는 자리를 용상(龍床)이라고 한다. 대통령실이 있는 지명은 용산(龍山)이다. 지금까지 용이 살아야 할 곳에 잡뱀들이 또아리를 틀어서 주인 행세를 했기 때문에 발복이 되지 않아 나라가 시끄러웠다.

이제 용산은 주인을 찾았다. 옛 도인들은 지명을 지을 때 그냥 짓지 않는다.

용산은 용의 자리가 될 것이라고 지어 놓은 혜안이 참으로 놀랍다.

삼대(三代)를 적선(積善)해야만 명당을 얻는다고 하듯이 윤 대통령과 그 선대들은 전생에 적선을 많이 한 것으로 생각된다.

대통령 문양이 봉황인데 이제 그 봉황을 찾았고 용터에 대통령이 좌정(坐定)해서 집무를 보기 때문에 이제부터 우리나라의 국운은 급상승하고 대통령 수난사의 고리도 끊어질 것이라 확신한다. 거꾸로 타는 보일러와 같이 문재인이 한 일을 거꾸로만 하면 성공한 대통령이 되기 때문이다. 세수하면서 코 만지기와 같다.

다만 옥(玉)에 티는 대통령실이라 작명하지 말고 용산대(龍山臺)라고 명명했으면 금상첨화인데. 실(室)보다는 대(臺)가 높기 때문이다.

사람들은 누구나 희망(希望) 고문을 당하면서 살고 있다.

용산대통령실이 천하명당에 있기 때문에 나라가 잘되리라는 희망 고문을 당해보면 어떨까.

출처 : 대전투데이(http://www.daejeontoday.com)

尹 대통령을 옹호하는 국회의원은 왜 없는가?

[月刊시사우리] 지난 10일 윤석열 대통령 취임 1주년 때 용산 대통령실 하늘 위에는 상서로운 햇무리가 떴다. 1년 전 취임식 때는 맑은 하늘에 오색영롱한 무지개가 떴다.

이것은 참으로 신기한 일이다. 하늘로부터 대임(大任)을 받고 이 세상에 온 위인에게는 이런 이적(異蹟)이 보인다고 하는데 윤 대통령에게는 분명 하늘로부터 부여받은 사명이 있지 않을까?

사실 윤 대통령이 되지 않았다면 이 나라는 지금 어떻게 되었을까 아득하다 천지신명이 돕고 있는 것은 분명하다.

그런데 취임 1주년 때 대구에서도 희한한 일이 있었다. 대구 시민이면 십중팔구 꼴 보기 싫다고 당장 잡아넣지 않는다고 하는 이재명 대표를 홍준표 시장은 극진히 환대했다. 왜? 왜? 그랬을까?

참으로 이율배반적이라 아니할 수 없다. 왜? 홍 시장이 하필 경사스러운 윤 대통령 취임 1주년 날에 초를 친 이유는 무엇일까.

이 일에 대해 대구시민들은 홍 시장이 맛이 가도 한참 갔다고 실망하는 소리가 달구벌에 메아리치고 있다. 여기서 오간 덕담(?)도 이상야릇하다.

여당 대표와 대통령실을 싸잡아 비판한 것은 있을 수 없는 일이다.

"옹졸한 당 대표, 정치 잘 모르는 대통령실"이란 혹평은 이재명 대표에게 아부성(?)이 아닐까. 이것은 대놓고 윤 대통령이 정치 못 한다고 이 대표가 되었으면 하는 말과 무엇이 다를까?

보수의 심장에서 시한부 정치 인생을 사는 이 대표에게 산소호흡기를 달아 준 것은 정말로 잘한 일(?)이다. 이것은 앞으로 홍 시장의 앞길에 부메랑이 될지 모를 일이다.

대구시민들은 조물주가 콧구멍을 두 개로 만든 것은 홍 시장 같은 사람 때문이라고 생각하지 않을지, 더 큰 정치인의 꿈을 접지 않았다면 새겨들어야 할 대목이 아닐까 싶다.

혹자들은 홍 시장이 TK 신공항특별법 통과의 성취에 너무 도취되었기 때문에 도를 넘은 것이라고들 말하고 있다. 광주 군공항 특별법이 통과되지 않았더라면 TK 신공항특별법이 과연 통과되었을까. 불가능한 일이다. 화투의 자동 뻥과 같다. 그런데 크게 생색낼 일이 있을까. 이것을 치적으로 크게 부각하지 말 것을 충고한다. 그렇다고 해서 홍 시장이 열중쉬어하고 있었다는 말은 아니다.

준 것 없이 밉다고 하듯이 강대식 의원은 한술 더 뜨고 있다. TK 신공항특별법이 통과되기까지 K-2 이전을 위해 평생을 투자한 필자와 대구 동북구 지역 주민들의 피와 땀과 눈물이 없었다면 과연 오늘날의 특별법 통과가 있을 수 있었는가 말이다.

지금까지 K-2 공군부대 이전에 침도 한 방울 안 묻히고 손가락 하나 까딱한 일이 없는 강 의원이 마치 자신이 TK 신공항특별법을 통과시킨 양 홍보에 메몰 된 꼴을 보니 참으로 구역질이 난다. 이것은 지역 주민에 대한 모독이다. 석고대죄해야 한다.

강 의원은 지금까지 K-2 공군부대 이전에 한 일이 무엇인지 말해보라.

차려놓은 밥상에 숟가락 하나 얹어 놓고 이 밥상은 내 것이라고 하는 것과 무엇이 다른가. 이것은 치적이 아니고 수치임을 명심하기 바란다.

아인슈타인은 "세상은 악을 행하는 자들 때문에 파괴되는 것이 아니라, 악을 보고도 아무것도 하지 않는 사람들 때문에 파괴될 것이다"라고 말했다.

이 명언은 여당에 "딱"이고 특히 대구 국회의원들에게 "딱"이지 않을까 싶다.

윤 대통령 취임 1주년 날에 맞추어 대구시민들이 빨리 잡아 넣지 않는다고 아우성치는 이재명 대표를 홍 시장은 대구시장실에 초대하여 덕담(?)이나 하고 여당 대표와 정치 못 한다고 윤 대통령을 에둘러 욕한 망언에 대하여 대구 국회의원 누구도 한마디 하지 않고 왜 지금까지 침묵하는가 말이다. 지금의 침묵은 금이 아니다.

입은 삐뚤어져도 말은 바로 하라고 홍 시장을 찾아가서 멱살을 잡고 싸우든지, 이럴 용기도 없으면 경사스러운 윤 대통령 취임 1주년에 이게 무슨 망발이냐고 따지든지, 숨을 거두기 직전에 있는 이재명에게 양탄자를 깔아주고 산소 호흡기를 달아준 이유가 무엇인가. 이것은 대구시민에 대한 배신행위라고 항의하는 국회의원들이 한 명도 없다는 것은 더욱 심각한 문제다.

특히 윤 정부의 성공을 위해 전향(?)했다고 하는 강대식 최고위원은 왜 꿀 먹은 벙어리 행세나 하는가 말이다. 최고위원이 하는 일도 모르는가.

그 나물에 그 밥이라고 똑같은 겁쟁이, 눈치쟁이, 간에 붙었다. 쓸개에 붙었다 하는 기회주의자들을 뽑은 대구시민들이 더 불쌍하다.

홍 시장이 그렇게도 겁나고 차기 공천받지 못할까 그렇게도 두려운가.

하는 짓거리라고는 거리마다 자신의 얼굴이 들어간 현수막이나 경쟁적으로 도배하는 것이 대구 국회의원들이 할 일들인가. 참으로 기가 찬다.

지역 구민들에게 자신의 의정 홍보만 할 것이 아니라 미국에서 26번이나 기립박수 받고 원전 수주, 방위산업 수출 등등 윤 대통령의 업적들을 홍보한 국회의원들이 있는가 말이다.

문재인이 5년 동안 원전, 경제, 일자리, 안보, 국방, 헌법 가치의 파괴 등등에 대하여 윤 대통령이 바로 잡는데 혼신의 힘을 다하고 있으므로 조금만 더 기다려 달라고 하는 윤 대통령을 옹호하는 국회의원은 왜 없는가 말이다.

개를 키우는 것은 도둑이 들어 왔을 때 짖으라고 키우는 법이다. 도둑보고 짖지 않는 개는 어떻게 해야 할까. 보내야 할 곳은 어딘가. 보신탕집뿐이다.

그렇다면 대구 국회의원들이 갈 곳은 어디일까?

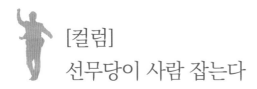

[컬럼]
선무당이 사람 잡는다

[글=최성덕] 국가와 사회가 지탱하는 원동력은 법과 원칙이고 정의와 공정, 상식이다. 이것은 건축물을 지탱하게 하는 철근과 같다. 또한, 이것이 없는 국가와 사회는 앙꼬없는 찐빵과 같다.

철근을 불량품으로 건물을 지으면 겉보기에는 견고해 보이지만 모래성(城)과 같다.

부실공사의 대명사는 와우아파트다. 1970년 4월 전체 건물 15동이 붕괴하여 33명이 사망하고 39명의 사상자를 냈다.

그런데 까마귀 고기를 먹었는지 아직도 정치권은 이 사실을 반면교사로 삼지 않는 것이 문제다.

지금 이 나라는 무법천지다. 윤석열 대통령이 출마 선언 때 오죽했으면 법치가 돌아오고 공정이 돌아오는 나라를 만들겠다고 했겠는가. 좌고우면하지 않고 윤 대통령은 그 약속을 지키고 있어 참으로 다행이 아닐 수 없다.

법과 원칙이 무너진 나라는 나라가 아니다. 정의·공정·상식이 통하지 않는 국가는 제2의 와우아파트와 삼풍백화점 붕괴 같은 참상을 겪는다는 것을 망각하고 진영 논리에만 매몰되어 있다.

지금 이 시대는 법과 원칙, 공정과 정의가 살아 숨 쉬고 상식이 통하는 세상을 만들어야 하는 지상과제를 안고 있다.

무법(無法), 무원칙(無原則), 무정의(無正義), 무공정(無公正), 무상식(無常識)의 5무(無)로 통하는 이재명 대표를 신줏단지처럼 떠받들고 있는 후안무치한 세력들이 문제다.

이 대표는 참으로 뜨거운 감자다. 이 대표가 잘못한 일은 삼척동자도 다 알고 있는 사실인데 왜 그들에게는 신줏단지가 되어야 할까.

이재명 대표 때문에 울화통이 터져 화병이 나 있는 국민이 한둘이 아니다. 대다수 국민이 이 대표를 구속하지 않는다고 아우성이다. 이 마당에 화병을 전문으로 치료하는 병원들이 떼돈을 벌고 있다는 것도 비상식의 세상이다.

민심이 천심이라고 민주당과 좌파들은 이 천심을 읽지 못하면 땅을 치고 후회할 것이다. 국민은 이 대표의 구속만이 법치가 살아있다는 것을 위안으로 삼으려 한다는 사실을 간과해서는 안 된다.

이제는 이재명 대표를 위한 방탄막이가 되어서는 안 된다. 이 대표는 자신은 죄가 없다고 버틸 것이 아니라 당당히 법의 심판대에 서는 것이 사나이의 길이다.

그런데 이 대표를 구원할 요물(妖物)이 나타났다. 누굴까?

그는 바로 국민의 힘 하태경 의원이다.

국회의원이 해야 할 제일의 의무와 책임은 법이 살아 숨 쉬고 있는 법치국가를 만드는 것이다. 하 의원은 제사에는 관심이 없고 젯밥에만 관심이 있다는 것을 스스로 자수했다.

지금은 내년 총선을 걱정할 것이 아니라 삼수갑산을 가더라도 나라다운 나라를 만드는 것이 급선무다.

내년 총선은 법과 원칙이 통하는 나라다운 나라를 만들면 걱정할 필요가 없다. 국민은 어리숙한 것 같지만 절대 어리석지 않다. 민심이 천심이다. 지금 민심은 이재명 대표를 감옥호텔로 보내는 것이다. 민심을 움직여야 한다.

하태경 의원은 "이재명 대표를 구속하면 서울, 부산도 위험하다고 내년 총선 필패"를 주장하고 나왔다. 참으로 기가 찬다. 윤석열 정부가 성공하지 못하면 내년 총선은 필패가 된다고 왜 말을 하지 않는가.

이런 어물전을 망신시키는 꼴뚜기 같은 인간들 때문에 국민의 힘이 욕을 얻어먹고 있다.

차라리 이재명 대표는 죄가 없는데 왜 구속하려고 하는가. 이 대표 대신 자신이 대신 죄를 뒤집어쓰겠다고 하는 것이 오히려 동정이나 받지, 하태경은 더는 선무당 짓을 해서는 안 된다.

이재명 대표의 구속에 대하여 국민의 힘은 이제는 유불리를 셈해서는 안 된다.

못 먹어도 고다. 이것이 국민의 힘이 살길이다.

교묘하게 이 대표를 구하기 위해 꼼수를 부리고 있는 하태경의 가면을 벗겨야 한다.

이런 요괴(妖怪)가 국민의 힘에서 설치는 한 국민의 힘은 미래가 없다.

즉시 제명하고 출당 조치하고 재수 없다고 소금도 뿌려라.

왜 국민의 힘은 내년 총선을 걱정하는가. 그 답은 민주당과 이재명 대표에게서 찾지 말고 국민의 힘 안에서 찾으면 된다. 답은 간단하다.

툭 까놓고 말해 국민의 힘에는 전사다운 국회의원이 있는가 말이다. 눈을 씻고 봐도 찾아볼 수 없다. 내년 총선이 걱정된다면 꿔다 놓은 보릿자루같이 무능한 국회의원들을 전부 청소하고 국민 위에 군림하려고 목에 깁스나 하고 자기 정치나 하면서 건방을 떠는 국회의원들, 음주, 뺑소니나 한 부도덕한 전과자와 논문을 복사하듯이 해서 학위를 받은 절도자 국회의원, 자가당착에 빠진 기회주의자인 하태경 같은 인간들을 재공천한다면 내년 총선은 필패라고 단언한다.

법과 원칙을 세우고 공정하고 정의롭고 상식이 통하는 세상을 만들기 위한 개혁공천을 통해 국민의 마음을 사로잡을 수 있는 인재들을 등용하면 용한 점쟁이에게 물어볼 필요도 없다.

내년 총선은 국민의 힘이 한판승 할 것이다.

태풍 카눈이 사상 처음으로 한반도 정중앙으로 관통해도 피해가 별로 없는 것은 우리나라의 미래를 예시하고 있는 것이므로 절망하지 말고 희망을 품자. 하나를 보면 열을 안다고 윤석열 대통령은 천명(天命)을 타고난 분이라고 태풍 카눈이 말하지 않는가.

출처 : 파이낸스투데이(http://www.fntoday.co.kr)

PART 3

언론에 비친
윤사모의 이모저모

야권 잠룡 우뚝선 윤석열, 윤사모는
2만명 돌파 "국민과 통했다"

기자명 **이혜영 기자** 입력 2021.03.08 12:30

차기 대권 여론조사 선두 잡은 윤석열... 지지율도 수직 상승 가도

김종인 "윤석열, 별의 순간 잡은 것 같다"

조은산 "목줄 찬 이리 떼 사이에 유일했던 호랑이...
산으로 돌아가지 않을 것"

장제원 "국민과 통했다...
당분간 야권 대선주자 'Front runner'가 될 것"

윤석열 전 검찰총장이 지난 4일 전격 사퇴한 가운데
야권 잠룡으로 자리매김하며 상승가도를 달리고 있다. 시사포커스DB

[시사포커스 / 이혜영 기자] 차기 대선을 앞두고 윤석열 전 검찰총장이 차기 대권주자 적합도 여론조사에서 수직 상승한 수치를 보여주고 있는 가운데 윤 전 총장이 야권 잠룡으로 당당히 확장세를 넓혀가는 모습이다.

8일 김종인 국민의힘 비상대책위원장은 국회에서 열린 비대위회의를 마친 후 기자들을 만나 "인간이 살아가는 과정에 별의 순간은 한 번밖에 안 온다"면서 "윤 전 총장이 별의 순간을 잡은 것 같다"고 말했다.

김 위원장은 "윤 전 총장이 어떤 정치적 역량을 가졌느냐에 따라 중심에 설 수도 있다"며 "그 별의 순간을 제대로 포착하느냐에 따라 국가를 위해 크게 기여할 수도 있고 못할 수도 있다"고 강조했다.

앞서 김 위원장은 지난 3일에도 "윤 전 총장만큼 현 정부에서 용감한 사람이 없다"며 "정부가 뭘 잘못했는지에 대해 소신을 갖고 얘기하는 사람이 윤 전 총장과 최재형 감사원장 외에 누가 있느냐"고 언급한 바 있다.

그는 윤 전 총장을 향해 "그가 행동하는 것을 보면 정무 감각이 상당하다"며 "진작에 총장직을 그만두고, 정치에 뜻을 내보이고 확장에 나섰어야 했다"고 평가했다.

문재인 대통령에게 '시무 7조 상소'를 올려 유명해진 인터넷 논객 조은산씨도 지난 5일 블로그를 통해 윤 전 총장을 "목줄 찬 이리 떼 사이에 유일했던 호랑이"라고 평했다.

조은산씨는 "尹(윤 전 총장)은 잠시 저쪽을 바라본다. 그런 그의 등 뒤에 어리석은 군주와 간신들이 들러붙는다"며 "그랬던 尹이 다시 이쪽을 바라본다. 그런 그의 눈앞에 원전 평가 조작과 울산 선거 개입으로 뒤가 구린 그들이 손발을 떨며 국민을 팔고 촛불을 팔아 칼을 들이민다"고 표현했다. 그러면서 "일련의 과정을 압축하면 그렇다"고 꼬집었다.

그는 "검찰 개혁의 정당성은 공수처를 향해 치닫는 순간, 이미 정략적 행위의 편파성으로 변질했다"며 "중대범죄수사청이 거론되는 순간, 모든 검찰 개혁의 과정은 정치적 보복과 친문 세력의 비호를 위한 연환계였음을 전 국민 앞에 스스로 인정한 것과 같다"고 지적했다.

그는 "애초에 검찰 개혁을 통한 사법적 정의와 권력 분산의 원칙, 국민 친화적 사법 체계의 완성은 文(문 대통령)의 목표가 아니었다"며 "그저 어느 정치적 동반자의 죽음, 그로 인한 복수심 가득한 눈으로 수감된 전직 대통령들에게서 뻗친 두려움을 내다봤을 뿐"이라고 주장했다.

조은산씨는 "그 한계적 행위에 더 이상 부여될 가치는 없다"면서 "그러므로 검찰총장 윤석열은 처음부터 (문 대통령) 그가 부릴 사람이 아니었던 것"이라고 직격했다.

다만 그는 "마침내 그(윤 전 총장)가 자연인으로 돌아가게 된 오늘, 어느 누군가는 비로소 편안히 잠자리에 들 수 있을 것"이라면서도 "그러나 호랑이(윤 전 총장 비유)는 산으로 돌아가지 않을 것"이라고 강조했다.

국민의힘 장제원 의원은 8일 자신의 페이스북을 통해 "윤 전 총장이 사퇴 이후, 첫 실시된 차기 대선후보 여론조사에서 단숨에 1위로 올라섰다"며 "차기 대선후보로서 일정기간 동안 '가장 유력한 우승 후보'가 될 것으로 보인다"고 강조했다.

장 의원은 "윤 전 총장이 사퇴하면서 밝힌 '나라를 지탱해 온 헌법 정신과 법치 시스템이 파괴되고 있다. 그 피해는 고스란히 국민에게 돌아갈 것' 이라는 소위, 부패완판이 국민들의 정서와 통했다는 것을 보여준 것"이라고 첫번째 이유를 들었다.

이어 그는 "정권 교체에 대한 국민들의 기대가 담겼다"며 "문재인 정권과 정면충돌하는 최선봉으로서의 상징성을 반영한 것"이라고 두번째 이유를 설명했다.

장 의원은 "윤 전 총장의 지지율은 조직도, 참모도, 정당도 없는 윤 전 총장의 유일한 정치적 자산"이라면서 "유일한 자산이 부실자산(不實資産)이 될지, 현금(現金)이 될지는 두고 볼 일이다. 자신에게 쏠린 국민들의 기대를 안정감과 신뢰로 승화시킬 수 있느냐에 좌우될 것"이라고 덧붙였다.

앞서 그는 지난해 10월 24일에도 페이스북을 통해 윤 전 총장을 향해 "확실한 (야권의) 여왕벌이 나타났다. 야권 정치 지형의 대변화가 시작됐다"며 "윤 전 총장이 국회에서 보여준 거침없는 답변, 폭발적 제스처, 강력한 카리스마는 충분히 매력적이었고 그 여진은 쉽게 가라앉지 않을 것"이라고 평가했었다.

장 의원은 윤 전 총장이 전날 국회 법사위원회 국정감사에서 강단있는 소신 발언을 하는 태도를 보며 "대권 후보 윤석열의 등장을 알리는 신호탄"이라며 "윤석열이라는 인물은 국민의힘을 비롯한 범야권에 강력한 원심력으로 작용할 것"이라고 점친 바 있다.

더욱이 7일 중앙일보 기사에 따르면 범여권의 김한길 전 민주당 대표가 1년 전 한 여권의 원로 인사에게 "윤 전 총장이 정치권에 등장한다면 폭발력이 상당할 것"이라고 발언한 것도 회자되고 있다.

한편 윤 전 총장을 응원하는 지지자들의 모임인 '윤석열을 사랑하는 모임(윤사모)' 비공개 페이스북 그룹에 가입자가 8일 기준 2만1천여명에 달하고 있는 것으로 알려졌으며, 이 그룹의 가입자수가 날로 증가하고 있는 것으로 전해졌다.

또한 이날 발표된 차기 대권주자 적합도 여론조사 결과에 따르면, 윤 전 총장의 지지율이 수직 상승한 결과를 보여줬다.

여론조사회사인 한국사회여론연구소(KSOI)가 TBS 의뢰로 지난 5일 전국 만 18세 이상 1023명(표본오차 95% 신뢰수준에서 ±3.1%p)을 대상으로 진행한 한 차기 대권주자 적합도 여론조사에서 윤 전 총장은 32.4%로 직전 조사(1월 22일, 14.6%)에 비해 17.8%p 수직 상승한 결과를 보였다.

윤 전 총장을 이어 이재명 경기지사가 24.1%, 이낙연 더불어민주당 대표가 14.9%, 홍준표 무소속 의원 7.6%, 정세균 국무총리 2.6%, 추미애 전 법무부 장관 2.5% 순이었다.

또 다른 여론조사회사인 리얼미터가 문화일보의 의뢰로 지난 6~7일 전국 만 18세 이상 남녀 1000명(95% 신뢰수준에 표본오차 ±3.1%p)을 대상으로 한 차기 대선주자 선호도 조사에서도 윤 전 총장은 28.3%로 그 뒤를 잇는 이재명 경기도 지사(22.4%)와 이낙연 민주당 대표(13.8%)와 오차범위 밖 선두를 보였다.

이들 여론조사에 대한 자세한 내용은 각 조사업체의 홈페이지 또는 중앙선거여론조사심의위원회 홈페이지에서 찾아볼 수 있다.

윤대통령 나토 해외방문 때 대통령실
방문한 자들은 제명된 '짝퉁 윤사모'

기자명 **이창배 기자** 입력 2022.07.13 12:55

– 윤사모 중앙회 최성덕 회장,
짝퉁 윤사모 즉각 해체 촉구 성명서 발표

[시사매거진/광주전남] 윤석열을 사랑하는 모임(이하 윤사모) 중앙회 최성덕 회장이 윤대통령 해외순방기간 동안에 윤사모 이름으로 대통령실을 방문하여 물의를 일으킨 일명 '짝퉁 윤사모'에 대해 엄중 경고를 했다.

최성덕 회장은 13일 성명서를 통해 "7월11일자 '미디어 오늘'에서 보도된 「'윤사모' 대통령 팬클럽 회원도 드나드는 용산 대통령실」의 기사에서 언급된 송아무개씨 등 3인은 '짝퉁 윤사모'로 '진짜 윤사모'와 무관하다"는 입장을 밝혔다.

그러면서 윤사모에서 제명된 이들이 더이상 윤사모 팔이를 하지 말 것을 강력 경고하며 사과와 함께 짝퉁 윤사모의 해체를 촉구했다.

▲ 최성덕 회장이 "2021년 8월 2일 개최된 윤사모 총회와 임명식에서 짝퉁 윤사모 회장 팔이를 하고 있는 송 아무개씨를 수석부회장으로 임명한 후 함께 찍은 기념사진이다"고 밝혔다. (좌로부터 최도열 상임고문, 송아무개씨, 최성덕 회장, 김용주 상임고문_사진=윤사모 제공)

▲ 2021년 8월 2일 팔공산에서 개최한 윤사모 중앙회 총회에서 회칙 개정등 회의를 하고 있는 장면 (사진=윤사모 제공)

▲ 2021년 8월 2일 팔공산에서 개최한 윤사모 중앙회의 중에 일어서서 회칙개정에 반대하고 있는 홍경표씨 (사진=윤사모 제공)

다음은 성명서 전문이다.

성 명 서

- 윤대통령 나토 해외방문 때 대통령실 방문한 자들은 2021년 8월 5일 윤사모에서 제명된 '짝퉁 윤사모'

- 짝퉁 윤사모는 후원금 문제로 말썽을 일으키고 있는 마당에 근신하지 않고 윤대통령 해외순방 때 대통령실 방문이나 하면서 광이나 팔러 다니면서 물의나 일으키고 '진짜 윤사모'는 윤대통령 귀국 때 거리에서 환영행사.

- '짝퉁 윤사모'가 사용하고 있는 윤사모란 이름 때문에 도매금으로 욕을 얻어먹는 '진짜 윤사모'

7월11일자 '미디어 오늘'에 보도된 '윤석열 대통령 나토 순방기간에 대통령실을 방문한 윤사모의 송 모회장 등 3인'은 우리 윤사모와는 무관한 '짝퉁 윤사모'가 한 짓거리임을 밝혀둔다.

이들은 회원회비, 후원금을 투명하게 공개하지 않았던 홍경표씨를 비호하고 불합리한 회칙 개정반대와 정의, 공정, 상식과는 거리가 먼 망나니와 기생충들 같은 짓거리를 서슴지 않고 있어 회의 기강을 바로 잡고자 2021.8.5 윤사모가 제명처리한 자들이다.

제명된 사람은 홍경표 전 초대회장, 송인환 수석부회장, 이종찬 사무총장, 김덕진 문화예술위원장 등이다.

이들을 제명한 이유는

첫째. 홍경표 초대회장이 회비와 후원금을 투명하게 밝히지 않는다고 언론 매체나 유튜브 등에서 연일 윤사모를 맹폭시키는데도 홍경표씨를 감싸돌고

둘째. 윤사모 회칙규정에 모든 회비 등은 홍경표씨 통장으로 들어가게 해 놓은 회칙을 개정하지 못하게 깽판

을 치고

셋째. 11만원의 임원 회비를 부과하는 것을 개정 못하게 하고

넷째. 윤사모 회장을 퇴임하는 회장이 후임회장을 지명 임명하도록 된 규정을 개정하지 못하게 하고

다섯째. 퇴임한 회장이 상임수석고문이 되어 총회 소집권과 지명한 회장이 상임수석고문의 마음에 들지 않으면 후임 회장을 마음대로 퇴임 시킬 수 있도록 된 회칙을 합리적으로 개정하려는 것을 개정하지 못하게 회의장을 아수라장으로 만든 책임을 물어 제명하였다.

이들의 몰염치한 행각에 대하여 2022.6 16(목) 대전에서 발행되는 모 투데이 3면에 대서특필 된 바 있다.

이들을 수하에 둔 홍경표씨는 퇴임 후 수렴청정을 할 수 있도록 해 놓은 이런 불공정한 회칙이 개정되도록 협조하고 회비 등은 투명하게 공개해야 하지 않겠는가?

그런데도 이들은 정의와 공정 상식을 외면했다.

윤사모에서 제명되자 이들은 2021년 8월 11일 사이비

짝퉁 윤사모를 만들어 꼴뚜기가 어물전을 망신시키듯이 윤사모를 망신시키고 있는 중이다.

참으로 웃기는 사실은 송인환씨는 2021년 8월 2일 윤사모 총회에서 윤사모 수석부회장 임명장까지 받고 기념 사진까지도 찍었던 사람이다.

이래 놓고서도 윤사모 회장이라고 버젓이 낯 들고 다닌다는 사실이다.

우리 윤사모는 짝퉁 윤사모들이 자신들이 진짜 윤사모라고 뻔뻔스럽게 윤대통령의 핵심 인사들을 찾아다니면서 광이나 팔고 다니고 자신들의 입신영달에만 안달하는 소인배들을 그냥 방치하면 윤석열 대통령 만드는 큰 방해꾼이 될 수밖에 없다는 판단을 했다.

이에 우리 윤사모에서는 이들을 그냥 방치할 수 없다고 판단하고 서울지방법원에 '직무집행정지 가처분'신청을 했다.

이렇게 하자 이들은 소 취하를 해달라고 애걸복걸했다.

가처분 결정이 얼마 남지 않은 시점에 많은 고심을 했다.

가처분이 결정되면 언론들이 싸움질을 했다고 대서특필하게 될 것이고 이렇게 되면 윤대통령에게 도움이 되겠는가를 깊이 고심했다.

그리고 한 표라도 아쉬울 때라서 적과도 동침을 해야 할 마당이라서 대승적인 차원에서 소 취하를 해 주었다.

이제 와서 생각하여 보면 그때 이런 자들이 윤사모란 이름을 다시는 사용하지 못하도록 못을 박아야 했는데 가처분 취하를 해준 것이 정말로 후회스럽기 그지없다.

2021년 7월 6일 뉴스원에서는 윤사모 중앙회 최성덕 회장이 제 2기 회장을 맡았다고 보도한바 있다.

우리 윤사모 2기부터는 회칙에 따라 운영되고 있으며 홍경표 초대회장이 회비 등 투명하게 공개하지 않아 욕먹는 일이 없도록 대선이 끝나는 날까지 회비를 회원들로부터 1원도 받지 않고 운영하여 왔음을 자신 있게 천명하는 바다.

우리가 윤사모를 창립한 것은 문정권의 실정으로 위기에 처한 나라를 구할 대통령을 만들기 위해서고 윤석열 대통령이 성공한 대통령으로 임기를 무사히 마칠 때까지 호위무사 역할을 하는 것이 우리 윤사모의 시대적 사명이기 때문에 윤대통령에게 어떠한 누가 되는 일을 하면 우리는 상대가 누구든 반드시 척결하는데 앞장 설 것이다.

이제 짝퉁 윤사모는 더 이상 윤사모 팔이를 하지 말 것을 강력히 경고한다.

특히 죽고 못 살든 이들은 또다시 쪼개져서 홍경표씨는 셀프 윤사모 회장을 하고 있어 참으로 코메디 극을 연출하고 있어 참으로 가관이 아닐 수 없다.

집에서 새는 바가지는 들에 나가서도 샌다는 말은 이들을 두고 하는 말이 아닌 성싶다.

더 이상 추태를 부리지 말고 두 번 다시는 윤대통령을 욕보이는 짓거리를 하지 말 것을 엄중 경고하며 이유를 대지 말고 초심으로 돌아 올 것을 촉구한다.

우리의 진심어린 충고를 무시한다면 특단의 조치도 불사할 것을 천명하면서 다음의 사항을 이행하여 주기 바란다.

- 짝퉁 윤사모를 즉각 해체하고 민폐를 끼치지 않도록 하라.
- 회원들로 받은 회비와 후원금을 투명하게 공개하라.
- 짝퉁 윤사모의 이름으로 10만 윤사모 회원들의 명예를 훼손하는 일이 없게 하라.
- 윤대통령에게 짐이 되는 일을 삼가 하라.
- 지금까지 윤사모 팔이 한 잘못에 대국민 사과와 석고대죄 하라.

2022년 7월 13일

윤사모중앙회 회장 최성덕 외 회원 일동

새시대 새언론 시사매거진

윤석열 대통령 '호위무사'
윤사모의 비화(秘話)

기자명 **이창배 기자** 입력 2022.07.01 22:33 수정 2022.07.02 01:19

- 계백, 녹두장군 사당에서 윤석열 대통령 당선 기원제

- 도포입고 경건하게, 구구절절한 축문

- 녹두장군 참배때 기념촬영도 할 수 없을 만큼 쏟아지는
  장대비...녹두장군의 눈물로 비유

계백장군 사당에서 기원제를 지낸 후 충장사 앞에서 중앙에 도포를 입은 최성덕 회
장과 좌우로 다함께 자유당 임원들이 함께한 기념사진 (사진_윤사모중앙회 제공)

[시사매거진/광주전남] 윤사모(윤석열을 사랑하는 모임 회장 최성덕)가 윤석열 대통령을 만들기 위해 다함께 자유당(창당준비위원장 최성덕)을 창당하면서까지 혼신의 힘을 다한 것은 주지의 사실이다.

다함께 자유당은 윤사모가 윤석열 검찰총장이 제 3지대로 갈 경우 를 대비해서 만든 정당이다.

지난해 3월27일 인천에서 창당발기인 대회를 개최했다.

창당준비위원장은 현재 윤사모중앙회 최성덕 회장이 맡았다.

발기인 대회 후 3개월만에 각 시도당별 1500~2500명의 당원을 확보하여 정당등록 조건을 갖췄다.

창당조건은 천명이상 당원을 확보한 5개이상 지역에서 창당대회를 마치고 선관위에 각각 등록해야만 가능하다.

대전, 대구, 경북, 부산, 경남, 울산에서 먼저 창당대회를 개최하고 당원을 확보한 후 선관위에 등록했다.

3개월만에 당원도 15000명이나 입당시켰다.

이뿐만이 아니고 충남, 경기, 대구, 경북, 전남, 광주까지 10개 지역에서 창당대회를 마치고 명실상부한 정당조직을 만들었다.

이런 일련의 창당과정에서 계백장군, 녹두장군 사당에까지 가서 윤석열 대통령 당선 기원제를 지냈다.

하지만 이렇게 세상에 공개되지 않은 눈물겨운 사실들이 밝혀져 사람들의 가슴을 뭉클하게 하고 있다.

2021년 5월19일 다함께 자유당(창당준비위원장 최성덕) 임원들이 충장사 인근에 있는 계백장군 묘소에서 참배를 하고 있다 (사진_윤사모중앙회 제공)

한국 정당상 창당을 하면서 구국의 회한이 서려있는 이런 충렬지사들의 사당을 찾아가서 기원제를 지낸 것은 윤사모가 만든 다함께 자유당이 처음 있는 일이다.

이 만큼 이들은 윤석열 대통령을 만들어서 나라를 구하겠다는 일념을 엿볼 수 있는 대목이라 할 수 있다.

당시 다함께 자유당 창당준비위원장이었던 윤사모중앙회 최성덕회장은 "2021년 5월19일(음 4월10일) 논산에서 다함께 자유당 충남창당대회 전에 먼저 계백장군 사당에 가서 참배했다"고 밝혔다.

계백장군 묘비 (사진_윤사모중앙회 제공)

"계백장군이 5천결사대를 이끌고 신라와 맞섰던 기개와 구국의 정신을 본받고 싶었다"고 말했다.

또한 "계백장군께서 윤석열 대통령이 대통령에 당선되어 풍전등화와 같은 위기에 봉착한 나라를 구할 수 있도록 보살펴 주십사하는 애절함에 장군님의 가호를 받고 싶었다"고 말했다.

이날 주과포를 준비해간 다함께 자유당 임원들은 계백장군을 모신 충장사에서 윤석열 대통령 당선 기원 독축도 했다.

초헌 아헌 종헌관으로 분장하여 윤대통령 당선 기원을 하면서 술 한잔씩 올렸는데 도포 등 의관을 갖춘 최성덕 중앙회 회장(다 함께 자유당 창당준비위원장)이 초헌관을 맡았고 기원문은 최위원장이 짓고 독축은 김호경 정책기획단장이 했다고 밝혔다.

2021년 5월 19일 계백장군 사당에서 윤석열 대통령 당선을 기원하는 기원제를 올리고 있다. 도포를 입은 사람은 최성덕 회장, 독축자는 김호경 정책기획단장 (사진_윤사모중앙회 제공)

충남도당 창당 7일 후에 5월 26일에는 전북도당 창당대회와 광주시당 창당대회를 했다고 밝혔다.

전북도당 창당대회를 마친 후 광주로 가는 길목에 있는 동학혁명을 일으킨 녹두장군 전봉준 사당에 들러 계백장군에게 기원제를 했듯이 똑같이 기원제를 지냈다고 했다.

최회장은 "이날 전봉준 사당에서 기원제를 지내고 광주시당 창당을 위해 광주에 도착할 때까지 앞이 보이지 않아 운전도 제대로 할 수 없을 만큼의 장대비가 쏟아졌다"고 했다.

너무나 많은 비가 내려서 기념촬영도 할 수 없었다고 했다.

최회장은 "아마도 그때 쏟아진 비는 녹두장군께서 혁명의 좌절로 나라가 망한 통한의 눈물과 윤대통령을 만들어 망해가는 이 나라를 구하겠다고 하는 윤사모의 구국의 일념에 대한 기대와 정성에 대한 눈물이 아닐까 싶다"면서 그때를 회상했다.

그 당시 지은 축문은 윤사모와 다함께 자유당 창당에 함께했던 이들이 윤석열 대통령을 만들기 위한 일편단심 민들레와 같은 애절함이 묻어 있어 보는 이들의 심금을 울리고 있다.

계백장군을 모신 충장사에서의 윤석열 대통령 당선기원 축문
(사진_윤사모중앙회 제공)

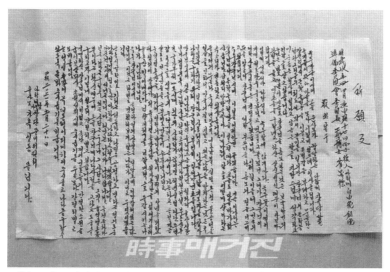

전봉준 장군 사당에서의 윤석열 대통령 당선기원 축문 (사진_윤사모중앙회 제공)

윤사모가 만든 다함께 자유당도 윤대통령이 2021.7.30 국민의 힘에 전격 입당함에 동시에 역사의 종지부를 찍었다.

하지만 그 당시 15000명이나 되는 당원들이 국민의 힘에 입당하는 등 홀씨가 되어 윤석열 신드롬을 일으킨 원동력이 되었고 윤석열 대통령 당선의 원동력이 되었다고 볼 수 있다.

새시대 새언론 시사매거진

윤사모, 성상납 의혹이 제기된 이준석 대표 사퇴 촉구 및 규탄대회

기자명 **이창배 기자** 입력 2021.12.31 15:35

30일 국힘 대구시당 앞에서 윤사모 회원 150여명, 우리공화당과 맞대결로 세 과시

▲ 30일 오전 10시 국민의 힘 대구시당 앞에서 윤사모 최성덕 중앙회 회장을 비롯한 대구시협의회(회장 장재태) 회원 150명이 참석한 가운데 정권교체에 방해가 되고 성상납 의혹이 제기된 이준석 당대표의 사퇴 촉구 및 규탄대회를 가졌다.

▲ 30일 오전 10시 국민의 힘 대구시당 앞에서 윤사모 최성덕 중앙회 회장을 비롯한 대구시협의회(회장 장재태) 회원 150명이 참석한 가운데 정권교체에 방해가되고 성상납 의혹이 제기된 이준석 당대표의 사퇴 촉구 및 규탄대회를 가졌다.

[시사매거진/광주전남] 윤사모(윤석열을 사랑하는 모임)가 30일 오전 10시 국민의 힘 대구시당 앞에서 윤사모 대구시협의회(회장 장재태) 회원 150명이 참석한 가운데 정권교체에 방해가 되고 성상납 의혹이 제기된 이준석 당대표의 사퇴 촉구 및 규탄대회를 가졌다고 밝혔다.

윤사모 회원들은 정권교체에는 아무런 관심이 없고 지기 정치에만 몰입하고 분탕질과 내부총질만하고 있는 이준석 대표을 더 이상 묵과할 수 없다고 강력하게 규탄했다.

또한 성상납 의혹이 제기된 이상 1초라도 당대표 자리에 있을 자격이 없으므로 즉각 사퇴하라고 촉구했다.

시대정신인 정권교체에 앞장서기 보다는 윤석열 후보의 약점

만 찾아 들추어내고 비평하면서 흔들기를 계속하고 있는 이준
석 대표가 사퇴하지 않고서는 정권교체는 불가능하다고 목소
리을 높였다.

▲ 30일 오전 10시 국민의 힘 대구시당 앞에서 윤사모 대구시협의회 회원들이 이
준석 당대표의 사퇴 촉구 및 규탄대회를 가졌다.(사진_윤사모 제공)

▲ 30일 오전 10시 국민의 힘 대구시당 앞에서 윤사모 대구시협
의회 회원들이 이준석 당대표의 사퇴 촉구 및 규탄대회를 가졌
다.(사진_윤사모 제공)

이 규탄대회에는 윤사모 중앙회 최성덕 회장도 참여해 함께 촉구했다.

최성덕 회장은 "될성 싶은 나무는 떡잎부터 안다고 이준석 대표가 당대표가 되었을 때 '문정부와 싸우지 않을 것이다, 내가 왜 그것을 하느냐?'고 하는 등 문정권에 충성하고 하수인이 되겠다고 선언한 것과 다름없는 실언을 하고 실천하고 있기 때문에 더 이상 기대할 수 없는 인간이다"라고 혹평했다.

특히 "윤석열 후보가 대통령이 된다면 지구를 떠나겠다. 5%로 진다고 입방정을 찧은 인간이 당대표로 있으면 정권 창출이 되겠느냐"고 말하면서 "성상납 의혹이 제기된 이상 대표직 수행은 국민 배신행위이므로 즉시 사퇴를 해야 한다"고 밝혔다.

이어 윤사모 장재태 대구시협의회장도 "똘똘 뭉쳐도 정권교체가 쉽지 않은 판국인데도 불구하고 대선이 얼마 남지 않았는데도 당을 뛰쳐나가고 깽판이나 치고 내부총질이나 해대고 성상납 의혹까지 제기된 이상 대표직 사퇴을 촉구하는 규탄대회를 열게 되었다"고 말했다.

장회장은 "이러한 규탄에도 불구하고 사퇴하지 않는다면 또다시 규탄대회를 하겠다"고 피력했다.

특히 "우리공화당에서 저렇게 윤석열 후보을 매도하는 것이 맞는가?"라고 반문하면서 "윤후보를 스토커처럼 따라 다니면서 비방하는 우리공화당 조원진 전 의원은 박근혜 전 대통령을 팔아 자기 정치를 하고 있다"고 강하게 비판했다.

한편 이날 윤사모회원들은 처음부터 목이 터질듯 구호를 외치며 대회를 진행한 김대환 윤사모 대구시사무처장의 성명서 발표와 함께 우리공화당이 철수할 때까지 맞대결을 펼쳤다.

다음은 윤사모의 「국민의 힘 이준석 당대표 사퇴 촉구」 성명서

성명서

지금 이 나라는 어디로 가고 있는가? 참으로 걱정이다. 문 정권의 5년 만에 한 번도 경험해 보지 않은 나라로 전락하고 있다. 김정은의 대변인 역할만 하고 삶은 소대가리 소리를 듣는 이상한 나라다.

무능과 독단, 내 편이 아니면 적으로 돌리는 진영논리, 국민통합은 앵무새 흉내만 내고, 부패한 나라로 침몰하고 이대로는 희망이 없어져 나라가 망해간다고 울부짖고 있어도 문 정권은 이에 아랑곳하지 않고 정권연장에만 혈안이 되고 있다.

하지만 국민의 힘은 정권교체에 대한 외아들을 잃은 과부가 울부짖는 것과 같은 간절함이 있는가. 문 정권의 실정이 얼마나

많은가. 이때마다 제대로 대체하고 있는가.

탈원전이 있어도 국민의 힘은 무엇을 했는가. 조국 사태, 흡혈귀처럼 위안부 할머니의 고혈을 빨아먹은 윤미향 사건, 국가부채 2,000조 시대에도 공적자금 마구 살포로 전 국민을 금붕어로 만들고 있는 나라, 옵티머스 사건, 28번이나 실패한 부동산 정책으로 인한 주택값 폭등으로 서민들의 보금자리 마련은 다음 생에서나 가능한 나라가 되어도 국민의 힘의 주택 정책은 무엇이었단 말인가.

LH부동산 투기 사건에도 대처한 것이 무엇이며 단군 이래 최대 특혜 비리사건에도 특단의 대책을 세운 것이 있는가 묻고 싶다. 솔직히 말해 때리는 시어머니보다 말리는 시누이가 더 밉다고 국민의 힘은 정말로 꼴 보기 싫다는 것이 시중의 여론이 아닌가. 그런데도 국민의 힘은 논공행상에 정신이 매몰되고 정권교체가 되는 양 하고 있는 등 아직도 정신을 차리지 못 하고 있어 한숨이 절로 나온다.

특히 이준석 대표는 문 정권의 실정에 대하여 저격수 역할을 하면서 강력한 투쟁을 하지는 않고 실낱같은 정권교체의 불씨를 살리고 있는 자당 대통령 후보의 약점만 찾아 들춰내고 비평하고 흔들기만 하고 내부 총질에만 몰입하고 있는데 이런 못난

당 대표로서는 정권교체를 할 수 있을지 심히 걱정이 앞선다.

현재 국민의 힘 대통령 후보가 확정되기 전 까지는 국민의 힘에서 정권교체를 할 수 있는 인물이 있었다는 말인가. 그래도 정권교체의 희망을 쏜 사람은 누구란 말인가. 정말로 정권교체를 할 수 있는 인물이 배출되었으면 신주단지처럼 모셔 정권교체를 하도록 해야 하지 않겠는가 말이다.

될성 싶은 나무는 떡잎부터 안다고, 이준석은 당 대표가 되었을 때 문 정부와 싸우지 않을 것이다, 내가 왜 그것을 하느냐고 문 정권의 하수인이 되고 충성하겠다고 선언한 인간이다. 당 후보 경선 때 한 짓거리들은 정말 치를 떨게 한다. 도토리 키 재기하고 있는 자당 사람으로서는 정권창출을 할 수 없다고 걱정을 하면서 용병을 해야 한다고 목소리를 높이지 않았던가. 국민들이 기대하는 용병을 밀어주기는커녕, 이 용병이 대통령 되면 지구를 떠나겠다. 5%로 진다고 씨부린 인간이 누구인가. 이런 인간이 계속 당 대표로 있는 한 정권 교체를 이룰 수 있겠는가 말이다.

윤핵관 때문에 정권교체가 안 된다고 억지나 부리고 마음에 들지 않는다고 부산으로 유배나 시키고, 집을 뛰쳐나간 망아지를 붙잡듯이 당을 뛰쳐나가 소란을 피우는 일이 당 대표가 할 일인가 말이다. 똘똘 뭉쳐도 정권 창출은 어려울 판인데 당 대표란 인간이 맨날 깽판을 치고 있는데 정권 창출이 과연 가능할까.

국민의 힘 대통령 후보가 확정된지도 벌써 2달이 되었지만 아직도 당 대표라는 인간이 정신을 차리지 못하고 자당의 대통령 후보에게 딴지나 걸고 이런 인간을 당 대표에 있게 하는 한 우리는 정권교체는 물 건너 갔다고 확신한다.

지금 시대정신은 무엇인가. 정권교체가 아닌가. 정의, 공정, 상식이 통하는 세상을 만드는 것이 아닌가. 지금 이준석 대표는 정권교체를 할 의지가 있는지 묻고 싶다. 최근 이준석 대표는 찜질방에서 나이 어린 여성에게 성추행하고 그것도 모자라 호텔로 부르고, 성 상납을 받았다는 일련의 의혹들은 당 대표 자격이 없다는 것을 입증하는 것이므로 당장 당 대표직을 사퇴하기 바란다.

우리는 8월 23일 대구시당 앞에서 불공정 경선에 딴지를 거는 이준석 대표 사퇴 항의를 할 때 당 대표직에서 끌어내지 못한 것을 두고두고 후회하고 있다. 우리는 이런 후회를 두 번 다시 하지 않기로 결심했다. 정권교체의 최대의 적은 이준석 당 대표다. 이준석 당 대표를 교체하지 못 하면 정권창출은 물 건너 갔다고 확신한다.

이런 비인간적인 이준석 대표를 강판시키지 못하면 우리는 역사의 죄인이 될 것이다. 자당 대통령 후보를 대통령 되지 못하게 방해나 하고 민주당에 약점이 잡혀 꼼짝달싹도 못 하는 이준석은 즉각 당 대표를 사퇴 할 것을 촉구한다. 만약 이러한 우리 사퇴 촉구를 무시한다면 특단의 대책을 강구 할 것을 강력 경고한다.

2021. 12. 29

나라바로세우기 국민운동본부 외 애국시민 일동

새시대 새언론 시사매거진

윤사모 역정

어퍼컷
한방

초판 1쇄 발행 2024년 1월 5일

지은이 최성덕
펴낸이 변성진
펴낸곳 도서출판 위
편집 · 디자인 홍성주
주소 경기도 파주시 광인사길 115
전화 031-955-5117~8

ISBN 979-11-86861-32-5 03340